Night Journey

....

The Lockert Library of Poetry in Translation

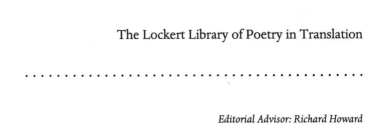

Editorial Advisor: Richard Howard

FOR OTHER TITLES IN THE LOCKERT LIBRARY SEE PAGE 129

Night Journey

María Negroni

Translated by Anne Twitty

PRINCETON UNIVERSITY PRESS

PRINCETON AND OXFORD

The original poems appeared as *El viaje de la noche* (Editorial Lumen,
Barcelona, 1994)
All Rights Reserved

Grateful acknowledgment is made for some of the translations that
have appeared previously. In *Archipelago* 1, no. 1 (spring 1997) (online
at www.archipelago.org): "Cage in Bloom"; "The Great Watcher";
"The Infinite Dictionary"; "Dialogue with Gabriel II"; "The Deluge";
"The Book of Being"; "The Roof of the World"; "Theory of a Good
Death." In *Hopscotch*, 2, no. 2, Spring 2001: "The Three Madonnas";
"Letter to Sèvres"; "Windows on the Century"; "Blindness";
"Midgard"; "Hurqālyā, Peregrine City."

The following poems appeared in Spanish in *Mandorla 3, New Writing
for the Americas/Nueva escritura de las Américas*, México-New York, 2,
no. 1: "La jaula en flor," "Van Gogh," "El mapa del Tiempo,"
"Catástrofe," "Eternidad," "Tout cherche tout," "Rosamundi," "El
espejo del alma," "The Great Watcher," "Fata Morgana."

British Library Cataloging-in-Publication Data is available

The Lockert Library of Poetry in Translation is supported by a
bequest from Charles Lacy Lockert (1888–1974)

Contents

Contents

Contents

Kidnapped by the Inexorable

ABDUCTIONS, apparitions, skewed dimensions, transports, irresistible transits, oracular pronouncements, metamorphosis—the dream rules by fiat. In *Night Journey* María Negroni has preserved these qualities, choosing to reproduce the arbitrary and seemingly capricious course of dream logic in all its precision. The tension that vibrates into intensity within the poems emerges from a distinct and indomitable literary intelligence that lends itself to the dream plot and extends it into the logic of the poem. Kidnapped by the inexorable, and mastering an underlying terror, the writer makes her own choices, cool and assured. Absolutist, in fact. The Argentine critic Jorge Monteleone has described the effect as a "music of serene horror."

This interplay between subjugation and domination is one of the recurring themes in *Night Journey;* the subject/object's resistance to helplessness is coupled with the rare understanding that this helplessness is a destiny that must be fulfilled. Only through surrender—or, as the archangel Gabriel puts it, "absolute compliance"—can the poem be completed and the writer pass beyond the limits of the known, to the other side of the dream mirror.

I am struck by the resemblance between this process and the work of translation. The operations peculiar to analysis and criticism are virtually irrelevant to the translator, at least to a certain kind of translator, to me. Any literary work worth reading creates a world of its own. The choreography of the dance is already established. To perform it—to take a given

choreography and translate it into the idiom of another body
of literature—is to enter willingly, even helplessly, into a zone
of experience, a vocabulary of gesture, a tone of voice, a way
of looking at things. In *Night Journey*, as it happens, I found
myself as translator obliged to accompany the dreamer be-
yond volition to the slopes of the Himalayas, to a bar in
Buenos Aires, toward a cemetery in the wake of Napoleon's
hearse. I too became a passenger in those taxis heading to-
ward an unwilled and unpredictable destination, and once,
from a hotel room in Milan, plunged headfirst down the well
of time into another century. Confronted with excursions like
these, the dreamer sometimes reacts with alarm, uneasiness,
aversion, or sheer horror; the translator's reactions are irrele-
vant. For her, it is wiser to abandon prejudice and preconcep-
tion, the lesser and most deceptive variants of individuality.

I was fortunate to hear many of the dreams that emerged
into *Night Journey* before they took up a new life in poetry. I
may have thought that I knew what to expect. But there was
no way of knowing how, in the workings that took place be-
tween the dream and the page, the poems would turn out.
(And aren't these workings part of another dream? The sea
change, a slow accretion that, like much of the process of
writing, happens out of sight?) In a sense, these translations
are made from two originals: the dream experience and the
poem in which it is subsumed. One of the virtues of María
Negroni's literary enterprise has been to accomplish this
transformation without disrespecting the dream state or sub-
jecting it to interpretation. Although the dreamer—unbeliev-
ing, ecstatic, terrified—is often deprived of speech, in these
new creations the dream itself acquires a voice. What remains
on the page is the armature of language, which makes the
poem a last defense against rapture.

The work of translation begins not with words, but with

listening. Falling silent in order to absorb words and intentions. Unquestioning, the listener sits beside the river or the city, a nomadic city that begins to rock like a boat or flow like a river: "Back up, here comes the city!" a voice cries. It is further necessary, and explicit in this poetry, to listen to the silence that precedes, interpenetrates, and surrounds the words. Writing, like music, does not exist without the presence of silence and its intervals. In *Night Journey* one of the oracular presences advises the dreamer to "write in the mute gap between words." How apposite this is to the mute astonishment that is the only true response to revelation.

Returning to the words themselves, one finds, inevitably, the gap between languages and between the historical sensibilities embodied in them. Any given language is dated, in that it results from long-ago perspectives, accidents, and choices that have hardened into custom. An innovative poet must wrench her language out of mind and out of place even while she exploits it. Reconstructing a poem in another language requires a parallel yet lateral move across the chasm of silence, time, and incomprehension. The details of this effort—the fumbling, the mistakes, the discards, the discoveries—are familiar to anyone who has ever made even a cursory attempt at it, as they are to all writers, and need not be repeated here. I take heart from Valéry's dictum: "A difficulty is a light. An insurmountable difficulty is the sun."

Some years after beginning to attempt these English versions, I was led to revisit the definition of the word "translation." Along with other meanings suggestive of movement, there is a specific and lesser-known reference: the transfer of relics from a previous shrine to a new one, which cannot be sanctified until the relics have arrived. (I owe this reminder, appropriately enough, to Michael Sells's introduction to *Stations of Desire*, his translations of poems by Ibn ʿArabi, the

Night Journey

. . . .

. . . .

There lives a freshness deep in me
That nobody can deny me
Not even I myself.

GUNNAR EKELÖF

Esqueletos bajo el cielo

Donde debiera estar la pelvis (entre la cintura y el
nacimiento de las piernas), el cuerpo está ausente. Lo
suplanta una cota medieval que deja entrever el aire.
Lo mismo ocurre con el brazo y la mano derecha. El
niño llora, su rostro a la deriva. Habrá un incendio
bajo las telas del corazón cuando mi mano acaricie su
nalga de metal. ¿Pero qué puede hacer con el metal un
brazo inexistente? Adivino tu perfil de isla y de tropa
pisoteada. Las tumbas dadas vuelta. Todo al aire libre.
Hacía frío bajo las sábanas estériles. Un silencio de
hielo y celosía. Una playa dividida del mar, un castigo,
vaya a saber, alguien nos echó de algún lado. En todas
sus edades hablando de sí mismo bajo túneles, como
quien pierde cosas y se asusta. Habrá que buscar más
culpables. Revolver. Soplar cenizas. Hasta que arda esta
imagen calcárea y ciega y misteriosa.

Skeletons under the Sky

Where the pelvis should be (between waist and groin), the body is missing. In its place a medieval tabard, glimpses of thin air. Absent too, the right hand and arm. His face adrift, the boy is crying. Will flames flare under heart tissues when my hand strokes his metal rump? But how can an immaterial arm touch? I sense your profile: island and trampled soldiers. Pillaged graves. Everything out in the open. It was cold under the sterile sheets. A shuttered, ice silence. A beach severed from the ocean, a punishment, who knows, someone expelled us, where from. At every stage, speaking of himself under tunnels, like someone frightened by a loss. Must hunt down more culprits. Ferret around. Blow on ashes. Until this limestone, blind and mysterious image calcines.

La jaula en flor

El tren nos deja en el gran canal de una ciudad
helada y majestuosa. Ah, los pájaros volverán a
atravesar este invierno y el precio de las noches
pálidas, sin luna. Oigo cómo silbás una canción que
yo compuse, y no sufro. Sufrir me distraería de este
sitio donde ni vos ni yo tenemos nombre. Te dejo,
semidormida, en un hotel que es un barco y me alejo
pensando en nuestra casa futura, esa isla que todavía
no existe, esa promesa nueva de despojos. No
siempre es fácil entender por qué huimos. El país nos
abandonó hace tiempo con algunas penas y un
miedo de no ser nada sin ellas. La ciudad donde
dormís ahora se mece como queja, golpea contra el
muro desolado de los muelles. Yo comienzo a
desvestirme en una jaula que florece. Te amo. Es
Estocolmo la que viaja, no nosotras.

Cage in Bloom

The train leaves us at the grand canal of an icy and
majestic city. Ah, the birds will fly once more across
this winter and the price of the pale nights,
moonless. I hear you whistling a song I wrote, and
do not suffer. Suffering would distract me from this
place where there are no names for us. I leave you,
drowsy, in a hotel that is a ship and walk away
thinking of our future home, that island that does
not exist yet, that promise of renewed depredation. It
isn't always easy to understand why we are fleeing.
Our country abandoned us some time ago with a
few pangs and a fear of being nothing without them.
The city where you are now sleeping rocks like a
lament, thuds against the desolate wall of docks. I
begin to undress in a cage sudden with blossom. I
love you. We are at rest. It is Stockholm who travels.

Catástrofe

En un galpón gigante nos agolpamos en espera de la
repetición. Hemos regresado de la muerte para eso.
La primera vez morimos por castigo, por habernos
burlado de una bruja, una mujer vieja y desgreñada.
Nuestra risa rompió la noche y después la catástrofe,
la tierra abriéndose, tragándoselo todo. Hemos
regresado de la muerte para vivir la muerte, hemos
regresado para eso. Pero alguien afirma otra cosa:
dice que unos hilos nos salvarán. Ahora no reímos,
nos mantenemos en silencio, casi reverentes. No
somos sino un cordón de hombres aferrados a
cuerdas doradas como una procesión de ahogados.
Mientras llega la hora, seguimos caminando. Sólo se
ven los hilos atravesando la noche dorada del tiempo
y de las repeticiones irregulares.

Catastrophe

We have crowded into an enormous warehouse to
await repetition. We have returned to life for this.
The first death punished us for having mocked a
witch, an old slattern. Our laughter rent the night
and afterwards, catastrophe, the earth gaping,
swallowing everything. We came back from death
to live death, that is why we came. But someone
has another idea: says that certain threads will
save us. Now we are no longer laughing, we
remain silent, almost reverent. We are nothing
but a chain of men grasping golden ropes like
a procession of the drowned. As the hour
approaches, we go on walking. Seeing nothing
but threads piercing the golden night of time and
irregular repetitions.

Ecuyère y militar

Ella piensa en un hombre y hace de él una imagen
que la oprime: corpulento, traje militar, banda
presidencial. Ella piensa en un hombre y se
transforma en niña para que el hombre la mire
arrobado. Como podría mirarse una ecuyère
montada sobre un potro blanco en la pista encendida
del circo. El la elige para bailar. La aloja en celdas
suntuosas. La ecuyère hace un círculo, sin apartar
los ojos de él. Algo anormal en el tiempo, como
si un vidrio se clavara en la vida. El encaje y las
riendas y los tafetanes a la luz desconfiada de los
reflectores. Sobre la pista, la tan nombrada de
costados verdes hace su primera aparición.

Equestrienne and Officer

She imagines a man, creates an image that oppresses
her: corpulent, military uniform, presidential sash.
She thinks of a man and transforms herself into a
child so the man will gaze at her, enraptured. As
he would at an equestrienne riding a white circus
mustang around the dazzling ring. He chooses
her to be his dancing partner. Lodges her in
sumptuous cells. The rider circles, her eyes fixed
on him. A breakdown in time, as if a glass shard
had severed life. Lace and the reins and taffeta
in the spotlights' watchful glare. On the
tanbark, the notorious lipless grin, taking its
first bow.

Los bosques de mármol

He sido destinada a Napoleón. El país está en guerra y las calles, un ardor de mujeres harapientas, carros estridentes, gritos en un idioma que desconozco. Hay un algo de gloria miserable, un tono carmesí en los rostros desolados. Un taxi debe conducirme al campamento, el tiempo apremia. Atravesamos avenidas imponentes y enseguida, un bosque inmóvil, simétrico, un bosque de insidia y de silencio, troncos bañados de una luz tan pálida, brazos, ansiosas raíces al revés, erguidas como estatuas, las venas en la piel de mármol. Estoy en un inmenso parque de árboles humanos. Una gran tumba blanca. Y esas muecas, como si estuvieran viendo un recuerdo horrible, una codicia les comiera la cara. Estremecida (sin apartar los ojos), veo un último árbol, un feto gigantesco, cabeza de hombre y cuerpo de gusano.

—Maghreb —dice el taxista—, el escultor se llama Maghreb.

Con un hilo de voz, le digo que quiero regresar, le ruego que me lleve a casa. Se lo suplico. El taxista, impasible, no contesta.

The Marble Forests

I am destined for Napoleon. The country is at
war, and the streets, fervid with tattered women,
strident wagons, incomprehensible cries. There is
a hint of stunted glory, a crimson hue on desolate
faces. A taxi is to take me to the camp, time
presses. We cross imposing avenues and
immediately, a still, symmetrical forest, a forest of
insidiousness and silence, trunks bathed in such
pale light, arms, anxious roots reaching upward,
standing like statues, veins under marble skin. An
immense park of human trees. A huge white
tomb. And those grimaces, as if they were
reviewing a horrible memory, covetousness
devouring their faces. Trembling (without
looking away), I glimpse one last tree, a gigantic
fetus, a man's head on a worm's body.
"Maghreb," says the taxi driver, "the sculptor is
named Maghreb."
My voice unraveling, I tell him I want to go back,
beg him to take me home. I plead with him. The
driver, unmoved, does not respond.

La pérdida

Dejar que los barcos maltrechos lleguen a la playa.
Olvidar el ulular de un viento erizado de algas, esos
pájaros de alas tensas a orillas del silencio. Para qué
perpetuar los naufragios: en los textos de naves el
horizonte no existe. La mañana es clara. Una mujer
bella y joven (parecida a Scarlett O'Hara) tiende ropa
al sol. Canta, pero su boca no se mueve; una cierta
armonía en rojo y malva, apenas, como en un cuadro
de Memling, un efímero acuerdo entre la luz y sus
manos. El jardín da a una casa de maderas blancas,
pequeñísima. Un hombre hace el amor adentro con
otra mujer. Y yo que miro todo desde la infancia, yo
seducida ya entonces, el corazón calcinado, de tanto
estar cerca una ausencia, el mismo miedo, la misma
alegría intransitable. Me invade una rabia y giro
hacia el océano. En un silencio plomizo, ominoso,
primero veo un barco, y después otro y un tercero.
Empiezo a gritar que hay que hacer retroceder a
esos barcos. Como animal tardío, como joven que
no ha viajado nunca, me transformo en soldado.
Ya no dejaré de empujar barcos al océano. Los
barcos volverán a sus rutas de ceniza y no habrá
cambiado nada.

Loss

To let the hulks reach the shore. Forget the
ululations of a wind bristling with seaweed, those
taut-winged birds on the banks of silence. Why
perpetuate shipwrecks: in charts there are no
horizons. A sunny morning. A young beautiful
woman (like Scarlett O'Hara) is hanging out laundry.
She is singing, but her mouth does not move; a
certain harmony in red and mauve, tremulous, as in
a painting by Memling, an ephemeral accord
between her hands and light. The garden faces a
white wooden house, tiny. Inside a man is making
love to another woman. And I who see everything
with a child's eyes, already under a spell, heart
burnt to ashes from long intimacy with absence, the
same fear, the same impassable happiness. A wave
of fury enters me and I turn toward the ocean. In a
leaden, ominous silence, I see first one ship and then
another and a third. I start to shout: those ships
must be sent back. Like a sluggish animal, like an
untraveled youth, I become a soldier. I cannot stop
shoving the hulks back into the ocean. They will
return to their ashy routes as if nothing has
happened.

Gabriel

Una planicie suspendida en el aire, segundo cielo tal vez. En este lugar, el futuro y el pasado no existen, nada altera el destino y todo lo altera (porque el destino es un círculo), cada pensamiento es todas las existencias, cualquier pregunta es inútil. En una pequeña choza está Gabriel. Por su cuerpo extraviado, su delgadez prodigiosa, su abandono paciente, descubro que ha envejecido. Yo lo cuido, una forma de dejarme cuidar. Afuera, acogidas al mismo deseo, múltiples figuras con los ojos cerrados, haciendo una elipse. Almas movedizas del cosmos, esferas dormidas. Visten túnicas pálidas. Imposible discernir en sus rostros la felicidad o la desgracia: tal la intensidad de lo que sienten. Y la luna quieta, traicionera. Y algunas luciérnagas. Y su canto de oeste a este, de un mundo a otro. Antes de abandonar la choza y partir, hay que ver con qué gracia me acomodo las alas inexistentes.

Gabriel

A plane suspended in air, perhaps second heaven. In this place, past and future do not exist, nothing and everything will alter fate (because fate is a circle), each thought is every thing that is, all questions futile. In a small hut, Gabriel. His spellbound body, its eerie tapering, patient abandon, tell me that he has aged. I tend to him to place myself under his protection. Outside, communicants in one desire, many figures, eyes shut, forming an ellipse. Traveling souls of the cosmos, sleeping spheres. In pale tunics. Indiscernible their sentiment, neither joy nor sorrow, pure intensity. And the silent, traitorous moon. And a few fireflies. And their song from west to east, from one world to another. Before I leave the hut, you should see how gracefully I adjust my (nonexistent) wings.

Heráldica

Por su fervor (ese algo de pasión no cerrada), por su
cabellera de sombras, podría ser la encantadora de
serpientes del aduanero Rousseau. Toma del mostrador
del bar un colador de plástico celeste, me mira y como
quien exige un destino, pregunta:

—¿Qué significa esto para ti?

Yo no sé qué decir. A lo mejor (pienso), la respuesta no
existe. O es inhallable, de tan real. La mujer me observa
impaciente. Salimos a una ciudad montañosa, encastrada
en la nieve, donde un cartel apunta a lo carente de
dirección: una flecha y la palabra *attirei*.

—Está en alemán —dice—. Quiere decir Tel Aviv. ¿Sabes?
Cada persona guarda una herida. La herida es un pedazo
de Dios.

Ha hablado casi cantando, sonámbula, como si la hubiera
horadado un secreto: la nostalgia de lo desconocido.

Desde el fondo, nos mira una cierva: inmóvil, cubierta por
un manto negro, agujereado en el sitio exacto en que han
penetrado las flechas. Y yo que busco entender, pruebo
palabras, combinaciones diversas: virgen cierva bañada en
pintura dorada, o virgen con negra coraza agujereada que
deja pasar el líquido dorado, o coraza que la pintará a
círculos y ella será de infinitos colores, y así por un tiempo
indigente hasta que oigo una voz que susurra, la cierva es
la paciencia, dice, lo dice dulcemente.

Heraldry

With her ardor (that hint of unleashed passion), her
shadow mane, she could be the douanier Rousseau's
snake charmer. From the bar she takes a skyblue
sieve, looks at me and, as if forcing me to choose a
fate, demands:
"What does this mean to you?"
I don't know what to say. Probably (I think to
myself), there is no answer. Or one so real that it is
undiscoverable. The woman observes me impa-
tiently. We go out onto the peaks of a city encrusted
in snow, where a sign points beyond directions: an
arrow and the word *attirei*.
"It's German," she says. "It means Tel Aviv. You
know? Everyone conceals a wound. That wound is
part of God."
Her words spoken in singsong, sleepwalking, as if a
secret had drilled her: nostalgia for the unknown.
From the background, a doe watches us: motionless,
covered with a black cloak, holes where arrows have
pierced it. And I, attempting to understand, try
words, various combinations: virgin doe bathed in
gold paint or virgin with black perforated cuirass
admitting golden ichor or cuirass that will paint her
in circles and she will be infinite colors and so on for
a time destitute until I hear a voice whispering, the
doe is patience, it says, it says softly.

Van Gogh

Contra los frágiles tallos, contra las bocas rojas de la sed, la monotonía reverdece. Los hombres avanzan a un ritmo de trigos febriles, soleados. Las hoces, acero filoso, como el río del tiempo, sesean contra el viento, repiten un compás semicircular como si quisieran dar forma a algún vértigo. Nosotras, taciturnas aldeanas de vívidos vestidos, recogemos las piedras en canastas de paja para que los hombres sieguen —sólo— el destino. Retrocedemos, pero no bastante rápido. Los hombres avanzan, ávidamente hechizados: nuestro amor es profundo. Comienzan a mutilar nuestros cuerpos. Se unta de sangre la hierba fresca mientras cantan las crestas azules de los gallos. La mañana inmensa no tiene fin. Los hombres lloran y siguen avanzando.

Van Gogh

Against the fragile stalks, against the red mouths of thirst, monotony greens. Men advance to the rhythm of feverish, shining wheat. Sickles, sharp-edged steel, like the river of time, lisp against the wind, repeat a semicircular beat as if trying to find a form for vertigo. Taciturn village women in bright dresses, we gather up stones in straw baskets so that the men may reap—only—fate. We retreat, but not fast enough. The men advance, consumed with fascination: our love runs deep. They begin to mutilate our bodies. Blood smears the cool grass while blue cockcrests sing. The vast morning is endless. The men weep and march forward.

The Great Watcher

Tejía un tapiz que contenía el laberinto de esta
ciudad y del palacio, y le encargué a un *ragazzo* de
pies ligeros que se extraviara allí, hasta encontrarte.
Me di cuenta de que el tapiz me traería otro amante.
No importa, siempre ocurre así: lo verdadero
empieza o termina ausentándose. Te esperaré en una
sala redonda, constelada de pájaros, en el umbral de
esa puerta llena de noche y mundo, que da a lo
inalterable. Como si dedicara un poema a una niña,
se lo diera inconcluso para que lo urda cuando el
sufrimiento deje de parecerle un país más real,
espacioso. Yo haré más largo el camino a lo indecible.
Yo seré el acto de tejer. Vos, el leopardo de cuernos
múltiples que ha aparecido ahora en el brocado
verde y observa todo como un heraldo,
misteriosamente.

The Great Watcher

I was weaving a tapestry containing the maze of this
city and the palace, and I sent a swift-footed *ragazzo*
to lose himself in it, until he found you. I understood
that the tapestry would bring me another lover. It
doesn't matter, that is how it always happens: truth
begins or ends by evaporating. I will await you in a
circular room, constellated with birds, on the
threshold of that door full of night and world, which
opens onto the unalterable. Like dedicating an
unfinished poem to a little girl, giving it to her to
warp when suffering no longer seems a more
authentic, spacious land. I will elongate the road to
the unsayable. I will be the act of weaving. You, the
leopard of multiple horns that has just now appeared
on the green brocade and is observing it all like a
herald, enigmatically.

El espejo del alma

Como el alma que canta por sí misma
en su limpia casa de cristal.
—HERMANN BROCH

Tuve que viajar a Nevada para verte. Una gran
planicie rodeaba la casa donde me esperabas con
una túnica blanca, más alta que de costumbre.
Presentí que la casa existía en la memoria, cosa
que confirmaste atravesando con tu brazo el hielo
que suplantaba ahora a las paredes. Acostumbrada
a esconderme en las palabras, quise darte una
carta. Esa carta hablaba de las diferencias del río:
lo que fue, lo que es, lo que será. Pero vos eras el
río y la imagen del río, visto desde la altura (quiero
decir, la furia misma). Me miraste, morada de
ternura, bajo el color inconstante de la niebla.
Terminé por tratar de pinchar la carta a tu
plumaje pero te negaste, afable, como quien
aprecia el esfuerzo de simular lo imposible. El pico
tembló ligeramente. Me dejaste a merced de la
felicidad, contemplándote, ahora que eras un
enorme pájaro blanco.

Mirror of the Soul

Like the soul that sings by itself
in its clean crystal house.
—HERMANN BROCH

I had to travel to Nevada to see you. A wide plain
surrounded the house where you awaited me in a
white tunic, taller than usual. I sensed that the
house was a figment of memory, something you
confirmed by putting your arm through the ice
that now replaced the walls. Accustomed to
hiding in words, I wanted to give you a letter.
That letter spoke of the variations of the river:
what was, what is, what will be. But you were the
river and the image of the river, seen from above
(I mean, fury itself). You gazed at me, livid with
tenderness, in light of the inconstant color of fog.
Finally I tried to pin the letter to your plumage but
affably you declined, like one who appreciates the
effort of feigning the impossible. Your beak
quivered lightly. You left me at the mercy of
happiness, contemplating you, now you were a
great white bird.

La ciudad nómade

Como si de tanto ser abril, abril se esfumara. Y yo,
esa mujer cansada, sin saber qué hacer con tanta
huída, dónde esconder las armas del exilio y la
astucia. Al entrar, primero a un corredor y luego a
un patio cuadrado y generoso, alcanzo a ver al
hombre que tal vez me enseñe a amar. Por un beso,
recogería ese umbral, ese cielo más hondo donde
sueñan sus labios, abrazaría mis lágrimas futuras,
esta penosa vida que me avanza. Pero no me
detengo, el patio hierve: unos jóvenes corren, un
auto frena en seco, rugen ametralladoras, la noche
clandestina, hay un algo de nupcias con fantasmas,
de cita cantada. De pronto, dice una voz a mi lado:
—Corréte para atrás que ahí viene la ciudad.
Veo que la ciudad se acerca y pasa por delante
como si fuera un río. Una novia clara. Transcurre,
de izquierda a derecha, lentamente, con su perfil de
almenas y de lumbre. Alborozada, me pregunto por
dónde he de cruzarla.

Nomadic City

As if through an excess of April, April faded. And I
exhausted, uncertain how to face such exodus,
where to conceal the weapons of exile and
cunning. Entering, first a hall and then a square,
spacious patio, I glimpse the man who may teach
me to love. For a kiss, I would accept that
threshold, that deeper sky where his lips are
dreaming, would embrace my future tears, this
arduous life advancing within me. But I do not
pause; the patio boils: some youths run by, a car
brakes sharply, machine guns bellow, the
clandestine night, a touch of commerce with
ghosts, interrogations, a whiff of underground
betrayed. Suddenly, a voice beside me says:
"Back up, here comes the city."
I see the city approaching and flowing past me like
a river. A lucedent bride. It transpires from left to
right, slowly, its profile of parapet and light. Elated,
I wonder where to cross.

El *padre*

Mis hermanas y yo vivimos en el altillo de un
edificio alegre y soleado. Nuestro padre ha venido
a visitarnos. Nuestro padre y su cara oscura, él que
nació en un barco y se parece a la felicidad como
un libro aferrado a lo inexpresable. Nos honra
tenerlo entre nosotras: hace magia, amenaza con
el cine-de-las-sábanas-blancas, nos cuenta cuentos
inciertos, como las costas de Noruega. Pero en un
descuido resbala y se desnuca contra el balcón.
Una de mis hermanas toma su cabeza, que es
ahora de arcilla, y amorosamente hace con ella una
obra de arte. La pinta. La coloca sobre un pedestal.
No sé dónde escondemos el cuerpo. No sé cómo
borramos las huellas. Sólo unas manchas de sangre
persisten en el balcón. Raspamos y nada. ¿Qué
haremos para que las visitas no vean? ¿Qué le
diremos a Papá cuando venga? ¿Cómo ocultar este
horrendo crimen? Una de mis hermanas llora. Otra
habla de Orfeo y su cabeza bajando el río,
cantando como oráculo.
—Hemos sido tan necias —dice—. La soledad es el
borde de todo corazón.
Yo sigo fregando. Temo que no veremos más la luz.

The Father

My sisters and I live in the attic of a bright and sun-
filled house. Our father has come to visit. Our
father and his dark face, he who was born on a
ship and resembles happiness like a book cleaving
to the inexpressible. We are honored to have him
here: he does magic tricks, teases us with private
jokes, tells stories that vary like the coast of
Norway. But in a moment of distraction he slips
and breaks his neck against the balcony. One of
my sisters takes his head, now made of clay, and
lovingly creates a work of art with it. She paints it.
Sets it on a pedestal. I don't know where we hide
the body. I don't know how we erase the marks.
There are only a few bloodstains left on the
balcony. We scrape and nothing happens. What to
do, so that the visitors won't see? What shall we
tell Daddy when he comes? How to hide this
atrocious crime? One of my sisters weeps. Another
speaks of Orpheus and his head floating
downriver, singing like an oracle.
"We've been such fools," she says. "Solitude is the
edge of every heart."
I go on scrubbing. I fear we'll never see the light
again.

Diálogo con Gabriel I

Gabriel, cuyo nombre proviene de la palabra
sumeria *GBR*, nace del rocío cada mañana, es decir
de la respiración de Dios. Su única labor, ciclópea,
agotadora, consiste en cantar himnos de celebración.
A diferencia de Metatrón, que parece vivir y no vive,
Gabriel desgarra la noche por un instante de
reconocimiento: no le pasa desapercibida la muerte.
Su alma, doble, nos lleva de la mano y cambia el
ruido por un canto y las flechas del movimiento por
el batir ligero de las alas. Atempera como la
experiencia y enseña penas triunfales, se pierde de sí
en el aire y reaparece al amanecer cuando los lirios
inmortales brotan, iluminan la tristeza del mundo.
—No era capaz de leer lo que había escrito —le
digo—. El poema era incesante, incomprensible.
—Ah —se ríe Gabriel con fuerza—, no saber qué
mensajes se envían al mundo. Eres una mujer vestida
con la luz del sol.

Dialogue with Gabriel I

Gabriel, whose name comes from the Sumerian
word *GBR*, is born each morning from the dew, that
is, from God's breathing. His only task, cyclopean,
exhausting, consists of singing hymns of celebration.
Unlike Metatron, who feigns life without living,
Gabriel rakes the night for an instant of recognition:
death does not pass him by unnoticed. His soul,
twofold, takes us by the hand and exchanges noise
for a chant and the arrows of movement for the
slight flapping of wings. He tempers like experience
and teaches triumphal sorrows, loses himself in air
and reappears at dawn when immortal lilies bloom,
illuminating the world's suffering.
"I couldn't read what I had written," I tell him. "The
poem was incessant, absurd."
"Ah," laughs Gabriel forcefully, "not knowing
what messages you send the world. You are a
woman dressed in the sun's light."

Lido

(a Visconti)

La noche es rosada, el momento supremo en que se
instala. Desde el borde, un poco más oscuro, que
separa el mar del cielo, una *piccola* barca viene hacia
mí mientras el muelle del *Hôtel des Bains* se mece en
forma distraída. O a lo mejor soy yo la que se
mueve hacia el centro del océano, yo la que espera
del encuentro la corrección de algo. Concentrarse.
La imagen no durará y una fotografía no probaría
nada, ni siquiera la existencia de este mar de hule.
¿Qué vacío sostiene este paisaje? ¿Qué antinoche
esta noche? El crepúsculo es el movimiento. Yo y la
piccola barca, la excusa. Sólo quedará la bruma (o el
recuerdo de la bruma), el eterno viaje sin objeto
hacia una máscara siniestra. Ese gesto. Tadzio.
Todo de película. Ya casi no se ve. Sin que yo lo
notara, la barca ha desaparecido. Algo de mí se ha
ido también, uno de mis rostros. Déjalo ir.

Lido

(to Visconti)

The night is rosy, the supreme moment at which it takes possession. From the somewhat darker border, which separates the sea from the sky, a *piccolo* boat approaches while the dock of the *Hôtel des Bains* rocks absentmindedly. Or perhaps I am what is moving toward the center of the ocean, the one who expects this encounter to correct something. To concentrate. The image will not last and a photograph wouldn't prove anything, not even the existence of this oilcloth sea. What vacuum sustains this landscape? What antinight this night? Twilight is movement. I and the *piccolo* boat, the pretext. Only fog will remain (or the memory of fog), the eternal aimless journey toward a sinister mask. That gesture. Tadzio. Just like a movie. Already hard to see. Unnoticed, the little boat has disappeared. Something of me has gone too, one of my faces. Let it go.

La visita

Cierto candor a la intemperie. La endecha controlada
de la niña dulce, la dócil de sí —atuendo varonil,
partidos de fútbol con Papá. Ciertas cosas fueron
cedidas por las buenas. Mamá ha venido a visitarme.
Ya dije que la saga familiar me aburre (pero me
atormenta). Nos aprestamos a tomar el té. Mamá sabía
cantar las muertes más tristes. Hubo —en algún
tiempo— una devoción. Tenía un vestido a lunares.
Abro el cajón de los cubiertos y aparecen cucarachas
por doquier. Bajo las servilletas, en la alacena, sobre la
mesa, en el piso: una verdadera invasión. Aterrada,
busco la mirada de Mamá. Desde el lugar de los ojos,
dos cucarachas rubias, enormes, me sonríen.

The Visit

A certain candor, unconcealed. The little darling's
stifled whine, self-induced docility—tomboy gear,
at soccer games with Daddy. Giving up without
a fight. Mom has come to visit. I've already
explained that the family saga bores (but
torments) me. We prepare for tea. Mom knew
how to sing the saddest deaths. There was—
once—devotion. She wore a polkadot dress. I
open the silverware drawer and cockroaches
appear all over. Under the napkins, in the pantry,
on the table, on the floor: a real invasion.
Terrified, I look at her. From her eye sockets two
blonde cockroaches, colossal, smile at me.

La guía telefónica

Ese mar de plata hacia el que voy es un deseo viejísimo,
tan viejo que no tiene nombre, como el asombro
minucioso de existir. Sé que voy a caminar por la playa,
que va a invadirme una ansiedad serena, como la de quien
pide ser colmado, que voy a poseer, tal vez, lo que no
tengo. (El viaje es la presencia de la ausencia.) Debo
apurarme. Aún estoy en casa y el tren parte a las nueve.
Termino de vestirme, cierro las maletas, abro la guía
telefónica y busco allí la dirección de dos personas:
Hildegard de Bingen y Meister Eckhart. (Tengo una cita
con ellos, al llegar.) Entre indecisa y nerviosa, como quien
sigue intuiciones que son memorias, me dirijo a Retiro. En
el diario que llevo bajo el brazo, hay una foto del cuadro
Los amantes de Magritte y tres enormes palabras blancas:
CAGE/ BENEATH/ CLOTH.
—Partículas rotas de luz —pienso—. Hambre del hambre.
¿Tendrá que ver conmigo esta ceguera?
En ese instante, me doy cuenta que olvidé la campera. Y el
libro que pensaba leer. Y no sé qué más. No puedo viajar
así. Imposible. Necesito tiempo. Planificar mejor. Partiré
cuando llegue el verano nuevamente, lo prometo, no
perderé la humildad. (Oh, la noche pasa de largo. Algo se
protege —con furia— de la dicha.)

The Telephone Book

The silver sea I am approaching is an old desire, so old it
is nameless, like the detailed astonishment of life. I
know I am going to walk along the beach, that a tranquil
anxiety will invade me, like that of someone longing for
repletion, that I am, perhaps, going to possess what I do
not have. (The voyage is the presence of absence.) I
must hurry. I'm still at home and the train leaves at nine.
I finish dressing, close the suitcases, open the telephone
book, and look for two addresses: Hildegard of Bingen
and Meister Eckhart. (I have an appointment with them,
when I get there.) Half doubtful and half jittery,
prompted by memory, I head for Retiro Station. In the
newspaper under my arm, there is a photo of Magritte's
The Lovers and three huge white words: CAGE/BENEATH/CLOTH.
"Broken particles of light," I think. Hunger of hunger.
What does this blindness have to do with me?
At that instant, I realize I have forgotten my jacket. And
the book I meant to read. And I don't know what else. I
can't travel like this. I need time. To plan ahead. I will
leave when summer comes again, I promise, I will not
misplace humility. (Oh, the night passing by. Something
protects itself—ferociously—against joy.)

El mapa del Tiempo

La enamorada del río se pasea en la cubierta de una
ciudad que fluye. Premeditada y abstracta, como un
romance de calles, tan parecida a la danza o a
castillos ardiendo, la tristeza. Siempre quise ver y
ser vista en la zozobra. Me gustó extraviarme en
jardines eléctricos. El corazón hace lo suyo, se
ensancha, trepa las escaleras de Platón, a veces lo
ciega la codicia de crear.
—¿Por qué estás triste? —pregunta una mujer de
ojos claros y me señala algo. Es un globo terráqueo
que puede desplegarse. Lo levanto y lo miro. Lo
hago girar. Abro el mundo que empieza a
transcurrir, a fluir sobre la gran pantalla de lo
inexplicable. A deshacerse en mis manos como un
canto inspirado, un archipiélago de silencios.

The Map of Time

The woman in love with the river strolls the deck
of a flowing city. Premeditated and abstract, like
a ballad of streets, so like dancing or burning
castles, sorrow. I always wanted to see and be
seen foundering. I like to lose myself in electric
gardens. The heart does what it will, expands,
climbs Plato's stairs, is sometimes blinded by the
greed to create.
"Why are you sad?" asks a clear-eyed woman,
pointing to something. It is a globe that unfurls. I
pick it up and examine it. Set it spinning. I open
the world that begins to take place, to flow over
the large screen of the inexplicable. To come
apart in my hands like an inspired song, an
archipelago of silences.

Napoleón II

Una vez que pronuncio la frase «escribir es cosa de condenados», me transformo en mosca. Un hombre gigante, un coloso, quiere matarme. Yo también quiero matarlo. Le arrojo cuchillos pero éstos, por su tamaño exiguo, parecen plumas, apenas lo rozan. Por fin, le clavo un tenedor en la yugular. Las exequias serán fastuosas: he ordenado que se construya un sepulcro exquisito, acorde a su rango. Yo misma presido el cortejo, un séquito de príncipes nos sigue. Desde la carroza que va adelante, miro la cureña donde va El. Después, me veo desde el féretro: la parte inferior de mi rostro, sin afeitar, el rostro de un hombre avejentado. Casi una pestilencia cruza el aire. Vuelvo a mirar desde mí: ah París París, ahora que el coloso ha muerto, Yo soy el propietario de todo. (Los carruajes de mármol hacen ruido sobre los empedrados.) Me sobresalto al ver que el féretro se ha convertido en estatua. El Emperador va semisentado y lleva el sombrero tricornio. Una mujer se asoma detrás de El y me hace muecas de complicidad. Yo pretendo no ver, nadie debe verla, estoy muy intranquilo.

Napoleon II

Once I pronounce the phrase "writing is a bitch," I become a fly. An enormous man, a colossus, wants to kill me. And I him. I try throwing knives, but puny as feathers, they barely graze him. Finally, I plunge a fork into his jugular. His funeral will be opulent: I've ordered an exquisite sepulcher built, befitting his rank. I myself head the procession, a retinue of princes following. From the carriage at its head, I watch the hearse that transports Him. Later, I see myself from the coffin: the lower part of my face, unshaven, the face of a man old before his time. Something like a plague breezes by. I look with my own eyes again: Ah Paris, Paris, now that the colossus has died, I own everything. (The marble carriages resound over the pavements.) I am startled to see that the coffin has become a statue. The Emperor is half-reclining and wears the tricorn. A woman appears behind Him and winks at me, complicitly. I pretend not to see her, no one should see her, I am very uneasy.

Los amantes

Un palacio perdido en un bosque tropical, pasillos que giran en círculos, calor de cigarras. Ella, los ojos dilatados, transparentes, un número en la mano izquierda, un chal blanco que esconde una paloma. Busca el furor, una historia que no dilapide el sufrimiento, que compense su único apuro: vivir. Sólo así tendrá sentido la lucha con el mundo. El, riesgoso y pálido, la observa de soslayo. Se queda mirando la paloma tiesa. De pie, distante, ella espera, quiere oír, extraer de esta pausa ciertos datos (de dónde viene, quién es), aguzar la memoria de lo que aún no existió. Por un instante, el amor es perfecto: son dos pájaros moviéndose hacia adentro de sí mismos, ocultándose mutuamente el destino, compitiendo a ver quién es más real. Pero en los gestos de él algo, de pronto, se demora. La sombra de una sombra lo atraviesa. Con cautela creciente, ella se va acercando. (Ya no es más que una figura lívida.) Entra un sol acuoso. Amanece el viento. Ah, la quietud siempre triunfa. La cuerda de ambos muñecos ha dejado de girar.

The Lovers

A palace lost in a tropical jungle, corridors running
in circles, cicada heat. She, her eyes wide,
transparent, a number on her left hand, a white
shawl hiding a dove. She is after furor, a story that
won't squander suffering, that will satisfy her only
urgency: to live. Only thus will her struggle with the
world make sense. He, risky and pale, casts sidelong
glances at her. Gazes at the motionless dove. On
foot, remote, she waits, wants to hear, to extract
certain facts from this pause (where he's from, who
he is), to refine the memory of what has not yet
existed. For an instant, their love is perfect: they are
two birds moving inward, mutually concealing their
destiny, competing to see who is more real. But in
his gestures, suddenly, something slows down. The
shadow of a shadow runs him through. With
growing caution, she approaches (no more than a
bloodless figure now). A watery sun enters. Wind
dawns. Ah, stillness always triumphs. The spring
inside the two dolls has wound down.

Los ojos de Dios

Estoy en el jardín que rodea mi casa. Sé que el ruido
que hago al caminar —crujido nítido sobre hojas
secas— no me está destinado; también, que no saber
es parte de un diseño. Se oye un ruido cargado de
sombras y mortalidad. Aparece un hombre
luminoso. (Mi oscuridad lo ilumina.)
—Te he visto en otro sueño —le digo—. ¿Por qué no
me amaste entonces?
Como si quisiera probar algo, el jardín crepita y
devuelve los pliegues de esa voz.
—Eras muy joven —dice—. Sólo el corazón puede
bajar abrupto hacia la piedra. Escribir en el espacio
mudo entre palabras. ¿Conoces la calamidad? ¿Los
siete lados de la luz? ¿Las esferas de estrellas fijas?
Escucha: la casa no existe. Sólo el jardín, el muro, los
tapices. Objetos que tal vez puedas amar hasta
volverlos, también, invisibles.

The Eyes of God

I am in the garden that encircles my house. I know
that the noise of my footsteps—an unmistakable
rustling over dry leaves—is not meant for me; also,
that I am not meant to know. At a sound charged
with shadows and mortality a luminous man
appears. (My darkness highlights him.)
"I saw you in another dream," I say. "Why didn't
you love me then?"
As if trying to prove something, the garden
crackles and echoes the pleats of that voice.
"You were too young," he answers. "Only the
heart can plunge toward stone. Write in the mute
gap between words. What do you know of ruin?
The seven facets of light? The spheres of the fixed
stars? Listen: this house does not exist. Only the
garden, the wall, the tapestries. Perhaps you will
learn how to love them, too, into invisibility."

El *caballo blanco*

Del antiguo furor no quedaban sino algunos edificios con ventanas tapiadas, unas cuantas cofradías de seres obstinados, un puñado de adivinos. Así era nuestra isla. Decidimos dar un paseo por el borde y nos zambullimos en el collar de agua, ese canal que rodea a la ciudad y nos llega hasta el pecho. La isla es pequeña. Sus tardes apacibles, de satén. Sus puentes, de luz. Por eso, cuando vemos a ese caballo blanco de largas crines alzar las patas en el agua como encabritado o jugando, no sabemos qué hacer. El caballo traerá la noche y borrará las curvas de la isla. Oh no, no otra vez. La pregunta, abrupta como un sable: ¿Todavía existimos? ¿No ha cesado el aburrido vaivén desde y hacia lo que parece real? ¿Algo empieza a construir cosas? ¿A refugiarse de sí en la conciencia? No, otra vez no. Morir no es vivir. No puede ser lo mismo. Nos damos vuelta, dejando el caballo atrás, como un ultimatum.

The White Horse

Of the old furor nothing remained but occasional
buildings with walled-up windows, a few secret
societies of the obstinate, a handful of seers. That
was our island. We decided to walk around it and
dived into the necklace of water, that canal that
surrounds the city and reaches up to our chests.
The island is small. Its evenings tranquil, satiny. Its
bridges, made of light. That is why, when we see
that long-maned white horse lift its hooves from
the water as if rearing or playing, we do not know
what to do. The horse will bring on the night and
erase the curves of the island. Oh no, not again.
The question, abrupt as a sword: Do we still exist?
Isn't the monotonous fluctuation from and toward
a supposed reality over yet? Is something starting
to construct things? To hide from itself in con-
sciousness? No, not again. To die is not living. It
can't be the same. We turn around, leaving the
horse behind, like an ultimatum.

El bebé

El que no tiene nada que esconder,
no tiene nada que mostrar.
—Marguerite de Hainaut

Mi bebé está jugando en la bañera, feliz.
Comienzo a lavarle la cabecita y así transcurre
cierto tiempo. Entonces él empieza. Cuando voy
a enjuagarle el pelo, no lo encuentro. Me doy
vuelta y ahí está otra vez. No entiendo qué
ocurre y me pongo seria. Lo reto. No me gusta lo
que hace. El bebé se ríe, cada vez más divertido,
resplandece un instante y vuelve a desaparecer.
Mi impaciencia no logra sino empeorar las cosas.
Cada vez aparece y desaparece más rápido, ni me
da tiempo a protestar. Bajo las capas del malestar,
alcanzo a ver su mirada pícara, mi ceguera es su
victoria, mis celos su pasión. Por un tiempo,
combato aún: no sé agradecer la impotencia. El
bebé sólo quiere jugar. El juego deslumbra y
dura la vida entera.

The Baby

He who has nothing to hide,
has nothing to show.
—MARGUERITE DE HAINAUT

My baby is playing in the bath, delighted. I begin
to wash his head and spend some time at this.
Then he begins. When I start to rinse his hair, I
can't find him. I turn around, and there he is
again. I don't understand what is happening, and
grow stern. I scold him. I don't like what he's
doing. The baby laughs, more and more amused,
glimmers for an instant, and vanishes again. My
impatience only makes things worse. He disap-
pears more and more quickly, doesn't even give
me time to protest. Through layers of uneasiness,
I glimpse his mischievous glance; my blindness is
his victory, my jealousy his passion. For a while, I
go on resisting: I don't know how to welcome
impotence. The baby just wants to play. The
game is dazzling and lasts a lifetime.

Las tres madonas

Un bosque o jardín de sombras. Todo a punto de arder o de estallar, como si algo se hubiera perdido y fuera urgente encontrarlo. Tres mujeres (o una sola, declinada en tres cuerpos) atraviesan portales abiertos de par en par. Comienzan a oírse campanas, cada vez más luctuosas, a verse resplandores de luces que ocurrieron, tal vez, en un sueño y que alguien olvidó aquí, como cadáveres, sobre este verde insólito. Los vientos, altos como pinos. La más vieja de las mujeres viste un traje antiguo, miriñaque, sombrilla con delicadas violetas de piqué. Trae una carta cuyo destino es Sèvres. La segunda es la novia sensual de la penumbra. La menor, una nena austera y misteriosa, aturdida por el pulso de su propio corazón. Una a una, atraviesan las puertas invisibles, cada una en la parcela de sombra que le pertenece, como si nada pudiera distraerlas. Parecieran no temer los árboles de musgo o amar su propia muerte o creer que, al final de las puertas, está Dios. Llega la noche. Toda belleza se disipa, veloz como el otoño.

The Three Madonnas

A forest or garden of shadows. Everything on the
verge of burning or exploding, as if something had
been mislaid and had to be found. Three women
(or one, declined in three bodies) pass through
wide-open portals. Bells begin to ring, more and
more lugubrious, flashes of light to appear;
perhaps they occurred in a dream and someone
forgot and left them here, like corpses, on this rare
green. The winds, tall as pines. The oldest woman
wears an antique dress, a hoop skirt, dainty piqué
violets on her parasol. She holds a letter addressed
to Sèvres. The second is the sensual bride of dusk.
The youngest, a grave and mysterious girl stunned
by the beating of her own heart. One by one they
pass through the invisible doors, each in her own
portion of shadow, as if nothing could distract
them. They seem not to fear the mossy trees or to
be in love with their own death or to believe that
beyond all doors, lies God. Night comes. All
beauty dissipates, swift as autumn.

Tout cherche tout

(a Fuseli)

Un ángel violento vendrá y me llevará hasta sus
noches de corazón mordido. Celebraremos
unas nupcias para que los pájaros de mantos
negros alaben nuestra cueva. Desnudas en la
geometría del silencio, canto errante en diálogo
fraterno, nuestras almas bailarán su tragedia de
simultánea luz y de intemperie. Después nos
mudaremos a este sitio inhóspito, nos
alimentaremos de besos rojos hasta que se
propague la brusca ausencia.

Tout cherche tout

(to Fuseli)

Here comes a vehement angel to carry me
toward his nights of the careworn heart. Our
wedding feast designed to draw black-mantled
birds to laud our cave. Naked in the geometry
of silence, drifting song in fraternal dialogue,
our souls will dance their tragedy of
simultaneous light and hazard. Then we will
move to this inhospitable place, gorge on red
kisses until brusque absence becomes
infectious.

Carta a Sèvres

You are forced to be a good loser,
everything has run past you and away from you.
—Artur Lundkvist

«. . . Ahora que llueve, que irrumpen las voces de la
noche, el vientre de la noche, la inspiración azul. Que
todo se derrumba al fondo de sí mismo, los héroes
huyen, el silencio brama, lo cerrado es abierto, la parte
el todo, lo ambiguo ambiguo. Que me pierdo en
ciudades que aún no he sido, azorada de lo que existe
sin ninguna razón, sin reclamar un sentido, y es vasto y
múltiple y vacío como un poema que le habla a Dios.
Que estas líneas al filo de mi cuerpo consuman por fin
lo inexistente y su alegría, este elusivo interregno que
soy, ese jardín ilegible donde la dama deshonesta
escribe en su rincón de sombras. Y todo sucede tan
lento, el temor y la tensión, ese futuro perdido como
una pena, el deseo que hace tanto es una enfermedad,
todo ocurre como si lo hubiera traído un visitante, una
parte de mí más grande que yo, la que tiene un sueño
incumplido pero la idea se le escapa, como una
promesa. Y está bien así, todo debe aprender a perder, a
volver al reino de lo desconocido, incluso el amor más
durable, el que se ignora a sí mismo. Ahora que los
cantos no importan, o importan en la medida en que
fracasan (pues la belleza se revela —sólo— en aquello
que se quiebra), que me he quedado sola, sola en la casa
ciega, yo, la novia sensual de la penumbra, y alguien
susurra a mi oído el arte de limpiar el jardín. . .»

Letter to Sèvres

You are forced to be a good loser,
everything has run past you and away from you.
—ARTUR LUNDKVIST

". . . Now that it is raining, that night voices irrupt,
the belly of night, blue inspiration. That everything
collapses into itself; heroes flee, silence bellows, the
closed is open, part is whole, the ambiguous ambiguous.
Now that I lose myself in cities I have not yet been,
perplexed by the accident of things, by existence
heedless of meaning and vast and multiple and empty
as a poem addressed to God. That these lines at the
edge of my body finally consume the nonexistent and
its joy, this elusive interregnum that is myself, that
shady corner of the illegible garden where the deceitful
lady does her writing. And everything happens so
slowly, terror and tension, that future lost like an
affliction, desire that has been a vice for years, every-
thing happens as if brought along by a visitor, a part of
myself larger than I, which has an unfulfilled dream
whose idea escapes her like a promise. And nothing is
wrong with that, everything must learn to lose, to
return to the realm of the unknown, even the most
enduring love, the one that does not recognize itself.
Now that songs do not matter, or matter to the degree
to which they fail (because beauty is revealed—solely—
in what falters), that I am alone, alone in the blind
house, I, the sensual bride of dusk, and someone
whispers in my ear the art of gardening. . . ."

El *diccionario infinito*

Un empleado de rostro aceitunado controla mi
pasaporte en un mostrador de American Airlines. Sin
énfasis, como quien suele mandar, dice:
—Su computadora.
Yo dudo un instante pero su mirada es tan dulce. Su
voz un arrullo. Es arduo seguir sus movimientos.
Toma mi computadora, la pasa por su máquina de
escribir (que es mucho más grande) y ¡me borra la
memoria! Desencajada, ciega de furia, exijo hablar con
el gerente, casi no puedo respirar, gritaré, me pondré
pálida, desgraciado, nada me compensará de esta
pérdida. El empleado me mira divertido.
—También lo perdiste todo —dice— al salir de
Egipto.
Su sonrisa dura una eternidad. Como un viento en el
paisaje de un cuadro. O cuervos sobrevolando un
campo ensangrentado. Llega el gerente de buen
humor y enciende la computadora. La pantalla
empieza a arder como una salamandra. Aparece un
diccionario infinito. Su primera palabra es *Shams.*

The Infinite Dictionary

An employee with an olive face checks my passport
at an American Airlines counter. Evenly, like one
accustomed to authority, he says:
"Your computer."
I hesitate a moment, but his gaze is so tender. His
voice a lullaby. Hard to grasp what he does next. He
takes my computer, passes it through his typewriter
(which is much larger) and—erases the memory!
Beside myself, blind with rage, I demand to speak to
the manager. I can hardly breathe, I'll scream, turn
pale, you fool, nothing can make up for what I've
lost. The employee regards me, amused.
"When you left Egypt," he says, "you lost
everything, too."
His smile lasts an eternity. Like wind in a painted
landscape. Or ravens circling a bloody field. The
manager arrives, good-humoredly, and turns on
the computer. The screen begins to flame like a
salamander. An infinite dictionary appears. Its first
word is *Shams*.

Las ventanas del siglo

Un museo militar frente al océano: es aquí donde voy a pasar mis vacaciones. Desde los ventanales, un poco elevados sobre el agua, me llega el claro mundo. Puedo ver parejas enlazadas contra el fondo de una playa de guijarros: figuras de rostros lisos, como si las avergonzara un poco vivir, su desamparo un tanto exagerado. De improviso, un hedor. Un grávido miasma como de bestia herida. Tinieblas desde el fondo. El mar es un teatro enfurecido. Desde las ondas de la noche del agua, empiezan a surgir pájaros gigantes que se elevan contra el cielo y caen. Estruendo. Violencia entretejida. La luz ha dejado de alumbrar. Ligeros, incrustados de sombra, movidos por un viento que aturde. Es una flota, un escuadrón. Sobre la playa, los enamorados van siendo cubiertos por el agua. Ya no puedo despegar los ojos de esas manchas, esas alas verdosas sobrevolando y desapareciendo en la gran boca del mar. No puedo sino mirar esos pájaros, agoreros, que rugen como la desventura.

Windows on the Century

A military museum overlooking the ocean, this
is where I am to spend my vacation. Through
the tall windows, just above the water, a bright
world reaches me. I can see couples embracing
against the background of a pebbled beach:
figures with smooth faces, as if faintly shy of
living, their helplessness almost too much.
Suddenly, a stench. A pregnant miasma, like the
spoor of a wounded animal. Shadows surging
from the deep. The sea is a maddened theater.
From the undulating night of water gigantic
birds begin to advance against the sky and fall. A
crash. Violence interwoven. The light no longer
shines. Quick, encrusted with shadow, buffeted
by a deafening wind. It is a fleet, a squadron. On
the beach, water rising above the lovers' heads. I
can't take my eyes off those blots, those greenish
wings surveilling us and vanishing into the wide
sea mouth. I can't take my eyes off those birds,
foreboding, which bellow like adversity.

Diálogo con Gabriel II

A Gabriel le aburre soberanamente el pasado. Lo que
llama, no sin cierta ternura, las tragedias privadas.
Por eso, cuando le cuento cosas que han ocurrido en
el tiempo, me mira sin pestañear y enseguida se
desentiende.

—Las anécdotas —dice— pueblan y confunden y el
camino es estrecho. En esto de existir, conviene
quedarse en lo oscuro: no hay más elocuencia que la
de los enigmas. El corazón lo sabe. Por eso se mueve
en silencio, evitando avanzar y también huir. Sin el
reproche que es lento, sin la atadura de los
sentimientos, sin la urgencia de la ambición, la ruta
hacia la nada resplandece: las cosas flotan como en la
mirada de un dios, en una topografía invisible.
Créeme, la pena no es necesaria. Sólo un
cuerpo traslúcido. Un apego al olvido, los sitios
devastados. Una vocación a la luz, brillante como
la sabiduría de jugar. Algún día, tomarás el
cuaderno que está desde siempre esperándote
y empezarás a construir tus paredes de canto y
después, a saltarlas.

Dialogue with Gabriel II

Gabriel finds the past supremely boring. What she calls, not without a certain tenderness, private tragedies. That is why, when I tell her of things that have happened within time, she gazes at me, unblinking, and immediately disengages herself. "Anecdotes," she says, "abound and confuse and the path is narrow. In this business of living, it is better to remain in darkness: nothing is more eloquent than riddles. The heart knows this. That is why it moves about in silence, avoiding advance or retreat. Without reproach, which retards, without the fetters of emotion, without the urgency of ambition, the route toward nothingness glistens: things float as in the sight of a god, in an invisible topography. Believe me, pain is unnecessary. Only a translucent body. An attachment to forgetfulness, devastated sites. A vocation for light, brilliant as childsplay. Someday, you will take the notebook that has awaited you forever and begin to construct your walls of song and then, leap over them."

Los dos cielos

Ella teme saltar. Teme la tenue lámina del agua, es decir el borde agudo de sí misma y ese vaho sobre la superficie, esa duplicación de cielos. Teme saltar, como si la esperara un país neurótico, resurrecciones, islas cantadas y vacías como fotografías de algo que no existe. En su corazón sopla un viento tan rojo. Atraído por la perfección del reflejo su cuerpo, pájaro fascinado por el perdigón, podría perderse y la niña, esa mirada que parte en dos la mañana. Sufrir y también dejar de sufrir. Qué haría sin la memoria de esa muchacha dulce, sin esas músicas que tranquilizan porque son tristes, ese goce entrenado como un perro, luna ambigua. Ella teme saltar. Ella ama el lugar del que huye.

The Two Heavens

She is afraid to jump. Afraid of the tenuous blade of
water, that is, the sharp edge of herself and that
vapor hovering on its surface, that duplication of
heavens. She is afraid to jump, as if a neurotic
country awaited her, resurrections, islands epic and
empty as photographs of the nonexistent. In her
heart such a red wind is blowing. Attracted by the
perfect quality of the reflection, her body, prey lured
by buckshot, could lose itself, and the little girl, her
gaze bisecting the morning. To suffer and also stop
suffering. What would she do without the memory
of that dear girl, without those comforting laments,
that pleasure trained like a dog, ambiguous moon.
She is afraid to jump. She loves the place that she is
fleeing.

Fata Morgana

Venecia completamente hundida. Sólo se ven los
duomos, estatuas sobre los duomos, el cobre de algún
campanil. En la tarde, el agua tiene el color de los
espejos falsos. Melancolía en gris, duelo a la deriva. Pasa
un zapato de charol negro, enorme, de taco altísimo.
Féretros envueltos en terciopelo rojo se mecen en el
agua, como góndolas. Pienso: Estoy a salvo. El
cementerio es esta isla amurallada. No hay nadie más
que yo, e hileras de camisas con corbata (siempre en
tono gris), manos que salen de la tierra, si uno levanta
una de esas manos, aparece una mujer en vestido de
otra época, al instante se desvanece, su expresión no es
infeliz. (Siguen los ataúdes, siguen los espejos bajo la
tarde en vilo.) Una bufanda azul se agita sobre una
cruz, una fecha improbable sobre un muro. Entonces
aparece el ángel con una pluma en la mano y dice:
—Ahora, cierra los ojos y vuelve a perder el sitio de tu
extravío.

Fata Morgana

Venice, underwater. Only the domes visible, statues above the domes, the copper of an occasional campanile. At dusk, the water deceives like a dull mirror. Melancholy in gray, mourning adrift. A black patent shoe passes by, its towering high heel. Coffins shrouded in red velvet rock on the water like gondolas. I think: I'm safe. The cemetery is this walled island. No one else is there, only lines of shirts with ties (all in newsprint), hands emerging from the earth; if one grasps and lifts any one of them a woman appears, in period garb; instantly, she vanishes, her expression far from grief. (Still present, the coffins, the mirrors under the suspended afternoon). A blue scarf waves around a cross, an improbable date on a wall. Then the angel appears with a quill in her hand and says:
"Now close your eyes and lose again this site where you have lost your senses."

New Jersey

La luna y sus cuernos desabridos. Una lengua de tierra
entre dos ríos. Casas blancas, bajas, en un verano
enmudecido. Todo en calma, excepto por las sombras
de algo que no se ve. (El pasado es la ausencia donde se
juega el destino.) Vengo, es verdad, de una ciudad de
sótanos, de un laberinto gris y tenebroso. Pero eso no
facilita las cosas. No he llegado hasta aquí sin miedo. Un
aroma indolente me acompaña, ¿la osamenta de qué
sueño? Un joven alza un estandarte. Un leopardo negro
de cornamenta múltiple sobre un pedestal. Ya he visto a
ese animal. He presenciado su quietud, su corona
frondosa. (Los ruidos de puertas que golpean, el viento
furioso, la tormenta que sin duda existe, ocurren sólo
adentro.) El joven cierra los ojos como si volviera en sí.
Como si apuntara al invierno, a cánticos en claustros
que aún no han existido.

—Esperar —dice. Y ése es todo el argumento de su alma.
¿Atravesaré el río que circunda a la isla de mi corazón o
dejaré al viento aprisionado?

New Jersey

The moon and its dull horns. A tongue of earth between two rivers. Low white houses, in a muted summer. Everything quiet, except for the shadows of something unseen. (The past is the absence where fate is at stake.) I come, it is true, from a city of basements, from a gray and tenebrous labyrinth. But that doesn't help. I haven't come this far without fear. A lazy scent accompanies me: what dream's skeleton? A youth raises his standard. A black leopard with branching antlers on a pedestal. I have seen this animal before. I have experienced its stillness, its luxuriant crown. (Interior events: the noises of slamming doors, the raging wind, the undeniable storm.) The youth closes his eyes as if awakening from trance. As if he were pointing toward winter, toward chanting in cloisters that have yet to exist. "Wait," he says. And that is his soul's only argument. Will I cross the river that encircles the island of my heart or will I leave the wind in prison?

Rosamundi

(a Sophie Cabot Black)

Un cortejo de hombres vestidos de frac contrastan con el verde de un bosque fulgurante. Llevan un ataúd de madera negra donde voy yo, la novia invisible. Hubo, acaso, una flecha ciega, atraída por la imprecisión y lo exiguo. (Yo solía pasearme en mi patria de témpanos, la gran noche nórdica.) Desde el ojo del viento, sus torres insomnes, veo a aquel que conoce mis sueños de piedra: un amante obstinado y viejísimo. Su tristeza es un cielo de ángulos, un murmullo o un himno que dice no sé, no me importa no saber (pero es mentira). Su memoria no existe, o existe como un río que fluye hacia adelante y atrás, lo confunde. O es un juego, como el que juega la niña que aún seré, en este bosque o en otro, deshaciendo las cintas de la rosa dorada que ocupa el lugar del sol.

Rosamundi

(to Sophie Cabot Black)

A cortege of men in tailcoats salient against the
green of a resplendent forest. They are bearing a
black wooden coffin and within it I, the invisible
bride. Perhaps there was an aimless arrow, attracted
by imprecision and scarcity. (I often walked in my
floe country, the wide Nordic night.) From the eye of
the wind, its insomniac towers, I see someone
acquainted with my stony dreams: a stubborn and
decrepit lover. His sadness is an angular sky, a
murmur or hymn that says I do not know, don't care
to know (but that is a lie). His memory does not exist
or exists like a river that flows forward and back; it
bewilders him. Or it is a game, like one played by the
little girl I will become again, in this or another
forest, untying the ribbons of the golden rose that
usurps the sun.

Encrucijada

Hay una fotografía en blanco y negro en que estamos las tres: Mamá, mi hermana y yo. Mamá tiene un solero a cuadros, gris y blanco, el pelo negro, una sonrisa joven. Mi hermana es un renacuajo con un dedo en la nariz. Yo —once años contra el sol del balcón que da a la calle Azcuénaga— presagio la tristeza. Por mis ojos, negros como no los tuve nunca, cruzan barcos guerreros, lanzas y hombres hambrientos de poder, es decir deseosos de mujer. Veo que los barcos se acercan y que aún no he resuelto: a) si quiero que los barcos se hundan, y con ellos los hombres y todo lo demás; b) si yo misma he de apurar las armas y subir a los barcos; c) si he de ignorar a los barcos y quedarme al lado de Mamá para siempre, pero eso se parece demasiado a la muerte.

Crossroads

There's a black-and-white photograph that shows
the three of us: Mom, my sister, and I. Mom
wears a checked sundress, gray and white, black
hair, a youthful smile. My sister is a little squirt
with a finger in her nose. I—11 years old—against
the sun on the balcony that looks out over
Azcuénaga Street—an augury of sadness. In front
of my eyes, dark as they never were, cross
warships, lances, and men hungry for power, that
is, lusting for women. I see the ships approaching
and have not yet resolved: (a) if I want the ships to
sink, and the men and everything; (b) if I will arm
myself and board the ships; (c) if I will ignore the
ships and stay at Mom's side forever, but that
seems too much like death.

La ceguera

Los refugiados de este campamento hacen cola con sus platos de comida vacíos. Es una fila inmensa, de famina o plaga, un desamparo inmoderado sobre un país ya acéfalo. Como en todo lo alcanzado por la ruina, cunde el miedo, el futuro hiberna en las extensas descripciones de la muerte. Los hombres pasan, impelidos por el aire cálido, sin poder alcanzar la realidad. Algo en su propia pena los retiene como imán en un espejo enorme, insensato, magnífico. Sin tregua, espoleados por lo efímero, desquiciados en una ola de acoso y gemidos e inconcebible nada. Pero yo voy hacia atrás, inexplicablemente retrocedo hasta llegar al final, donde hay un puesto de comida ambulante. De pronto aparece un niño, me observa indeciso, como a un fugitivo o culpable de algo, como quien mide un exceso, una ceguera aún no conquistada. No alcanzo a ver el instante en que se desvanece, sin dejar huellas, como un fuego que se extingue y me quedo ahí, parado, sin saber nada de él, ni de los refugiados, ni del por qué del hambre, ni de la frase que acaba de pronunciar y que flota ahora en un halo de polvo, irreductible y trunca. . .

Blindness

The refugees in this camp stand in line with their
empty plates. It is an immense line, from famine or
plague, inordinate helplessness in a country already
anarchic. As usual in the footsteps of decay, fear
grows, the future hibernates in lengthy descriptions
of death. Men pass by, driven by the warm air,
unable to reach reality. Something in their own
suffering holds them like a magnet in an enormous,
senseless, magnificent mirror. Unceasingly, spurred
on by the ephemeral, unhinged by a wave of assault
and whimpers and inconceivable nothingness. But
I am walking back; I retreat not knowing why until I
reach the end, where a food cart stands. Suddenly a
young boy appears, eyes me as a fugitive or a culprit,
hesitantly, like a surveyor of exorbitance, an
unfinished blindness. Imperceptible the moment in
which he vanishes, without a trace, like a fire gone
out, and I am left standing there, knowing nothing of
him, nor the refugees, the hunger, nor the phrase he
has just uttered, now floating in a halo of dust,
irreducible and amputee. . . .

Midgard

Apareció en el centro del vacío, toda de luz, como si hubiera estado ahí, durante siglos, un mediodía y un claro de luna eternos, creada por un dios invisible, el dios de los suicidas y también de aquellos, más dóciles, que se avienen a comer y beber para ser reales. Allí estaba, huérfana, completamente inmóvil, espiando el mundo y también esos pliegues donde los poemas buscan las cosas perdidas. Nos pareció que se mordía la cola. Será por eso (pensamos) que el porvenir se repite, que el traidor y el traicionado son uno, que persisten las pestes, las fugas en redondo, la memoria, ese animal mutilado. Su piel era de hielo, su vientre de cristal, libidinoso. La miramos desde nuestra ciudad moribunda como se mira un fragmento de algo más espléndido, una verdad a punto de evadirse. Uno de nosotros dijo: — el Tiempo. Después callamos. Tanta inmovilidad fermentaba. Y el alba, que pasaba para siempre.

Midgard

It appeared in the center of emptiness, all of
light, as if it had been there for centuries, for an
eternal noon and moonlight, creation of an
invisible god, the god of suicides as well as the
submissive, who, in order to exist, make do with
food and drink. There it was, orphan, unmoving,
descrying the world and even those creases in
which poems search for the lost. It seemed to be
biting its tail. That is why (we thought) the
future repeats itself, traitor and betrayed are one,
plagues recur, circular evasions, memory, that
mutilated animal. Its skin was of ice, its belly of
crystal, libidinous. We watched it from our dying
city as if watching a fragment of an even greater
splendor, a truth about to slip away. One of us
said, "Time." Afterwards, we were silent. Such
immobility brewing. And the dawn, passing
forever.

La ropa

En una mesa de bar estoy sentada con un grupo de
poetas ávidas, inteligentes, chismosas. Una, en
particular, se burla de las principiantes, después invita
a su casa que está en el barrio más sofisticado de la
ciudad. Yo, que tengo veinte años, digo que iré más
tarde, debo bañarme y cambiar de ropa. (Mi
posibilidad de reinar es frágil, no logro tergiversar los
hechos, una vez conocido un recurso me enamoro y
naufrago en él.) Empiezo a hurgar en un bolso y,
después de muchas vueltas, quedo así: medias tres
cuartos, zapatos abotinados, jeans, un corsé escotado
de encaje negro (que cubre apenas los pezones rojos) y
encima, ocultando todo, mi tapado de piel de camello
de cuando tenía once años. Veo una mesa llena de
hombres y me acerco. Alguien me presenta a mi
padre, que no me reconoce, sólo observa que mi
tapado es muy fino, murmura de costado:
—Ciertas fugas están prohibidas.
Yo me pongo cada vez más pálida, como entristecida
por un brusco deseo de felicidad, sin saber que el
terror es un país, no existen los hábeas corpus de sí.
Termino saliendo del bar en una tormenta pavorosa,
embarrándome hasta el alma, los cabellos flagelados
por la lluvia, extraviada en la noche indecisa de bares y
poetas, porque el abandono es voluptuoso.

Clothes

I am sitting at a table in a bar with a group of
women, avid, intelligent, gossipy poets. One of
them in particular mocks beginners, then invites
us to her house, in the trendiest neighborhood. I,
only twenty, say I will go later; I have to take a
bath and change clothes. (I have only the slightest
chance of reigning; I can't manage to twist facts;
once I discover a stratagem I indulge and drown
in it.) I begin to rummage in a sack, and after
vacillating for ages I end up like this: knee socks,
oxfords, jeans, a black lace bustier (which barely
covers my red nipples) and on top of this, conceal-
ing everything, the camelhair coat I had when I
was eleven. I see a table full of men and approach
them. Someone introduces me to my father, who
doesn't recognize me; all he does is mention that
my coat is very chic, and murmur in an aside,
"Certain evasions are prohibited."
I grow paler and paler, as if saddened by an
abrupt desire for happiness, without knowing that
terror is a country, there is no habeas corpus for
the self. I end up leaving the bar in a furious
storm, up to my soul in mud, rain flagellating my
hair, lost in the indeterminate night of bars and
poets, because desertion is voluptuous.

El diluvio

Una amazona galopa frente a mí en un corcel blanco y me lleva a conocer páramos dichosos: montañas empinadas, una estepa de piedras, un lago azul que crece cada vez que lo miro. Al niño que soy lo hipnotiza ese riesgo. Le recuerda el azul de tus ojos, restos de alguna luz o de algún llanto, las noches en vela, tu alarma envidiosa por mi cuerpo que crece. Me protejo de esa añoranza en un hotel decadente, erigido en la cima de algún promontorio. Ahora, también llueve. Me asomo. Celosías verdes, olor de verano. Como no puedo dejar de mirar, la estepa será pronto un mar y el hotel un buque titilante a orillas del viento. Hemos comenzado a zozobrar. Ya no hay quien detenga esa luz que nos arrasa de cuajo y nos lleva como un ángel a la intemperie más pura.

The Deluge

An Amazon gallops ahead of me on a white
charger and leads me to a delectable barren:
steep mountains, a rocky steppe, a blue lake that
grows larger each time I look at it. The young
boy who is I is mesmerized by this risk. It
reminds him of the blue of your eyes, what
remains of a particular light or a weeping, night
vigils, your envious alarm at my growing body. I
shelter from this nostalgia in a rundown hotel
standing on the summit of a promontory. Now it
is raining as well. I peer out. Green shutters, the
odor of summer. My eyes transfixed, the steppe
will soon become an ocean and the hotel a boat
twinkling on the banks of the wind. We have
begun to capsize. There is no one left to stop that
light that razes us and like an angel bears us off
to absolute exposure.

Sleeping Beauty

He cruzado el océano. He hecho todo este esfuerzo
para verte. Tu hermosura o navegaciones a orillas del
sol. Tus ojos azules en la foto aquélla. Julie Christie
en sombrero de rafia, perfil chato, la boca como
incitación a los descuidos —oh centella. Pero al llegar
te he encontrado dormida, sonámbula, como a la
espera de algo (la realidad tal vez), como puesta en
medio de la noche por todo lo que huye de la noche,
sostenida en una espera levísima, una muerte casi
irreal. ¿He llegado muy tarde? ¿Me apuré demasiado?
Te veo dormir, sentada en un bosque azul,
tridimensional, fabulosamente estático. Cómo no sé
despertarte, decido volver a mi casa del otro lado del
mar. Pero mi casa no existe, no es mía, son otros los
que allí dan órdenes. Ah ¿cuántas millas antes de tu
despertar? ¿Cuál de las dos está viva? ¿Quién me libra
de tu sueño poderoso?

Sleeping Beauty

I have crossed the ocean. All that effort just to see
you. Your beauty or navigations on the banks of the
sun, blue eyes in that snapshot, Julie Christie in a
raffia hat, dishface, mouth like an incitement to
recklessness—oh streak of light. But arriving, I find
you asleep, sleepwalking, as if waiting for something
(reality, perhaps), as if all that runs from night had
placed you in the depths of night, swung in a gauzy
expectation, a death almost unreal. Have I arrived
too late? Was I in too much of a hurry? I see you
sleeping, seated in a blue, three-dimensional,
fabulously ecstatic forest. As I don't know how to
wake you, I decide to return to my house on the
other side of the ocean. But my house does not exist,
it isn't mine; others give the orders there. Ah, how
many miles before you wake? Which of us is alive?
Who will free me from your compelling dream?

El viaje

Una imagen que se desprende de mí y es yo, sólo
que inmaterial, me persuade y abandonamos
juntas el tren. Salimos a la superficie, el tren es
subterráneo. Casi enseguida nos enteramos de la
tragedia: incendio causa devastación en un tren,
miles de personas muertas. Alguien dice: la dulzura
de vivir es efímera. El terror es tal que desciendo
otra vez a la plataforma. En el tren rojo y silencioso
—ahora detenido— busco al hombre que amo.
Cuando logro encontrarlo, veo su mirada extraviada:
sostiene un niño muerto en los brazos y una
máscara. Desdibujado en el humo, me parece tan
hermoso que me apresto a besarlo. Pero todo vuelve
a llamear y su imagen se vuelve intolerable. Sus ojos
hablan otra lengua y otro silencio. Sus ojos, en la
sombra de la luz. Empiezo a llorar. A exigirle que
me reconozca. A rogarle. La escena se crispa en el
esfuerzo, podría quebrarse como un vaso. Me alejo.
Camino entre rescoldos. El amado, de nombre
inhabitable, ha perdido la razón.

The Journey

An image that stems from me, myself, only
immaterial, persuades me and together we leave
the train. We reach the surface, the train under-
ground. Almost at once we learn of the tragedy:
fire destroys a train, thousands die. Someone says:
life's joys are ephemeral. Stunned with terror, I
descend the stairs, return to the platform. In the
red and silent train—now motionless—I search
for the man I love. When I find him, I see his gaze
wandering: there is a dead child in his arms and a
mask. In the smoke, he looks hazy, so beautiful
that I'm about to kiss him. But everything
goes up in flames again and his image becomes
unbearable. His eyes speak another language and
another silence. His eyes, in the shadow of light. I
start to cry. To demand that he recognize me. To
plead with him. The scene convulses with effort,
it could shatter like a glass. I leave. Walk among
burning coals. The beloved, his name
uninhabitable, has lost his mind.

Die Zeit

Una barca en consonancia con el horizonte y la
bruma distante y la oscuridad resonante de todo. No
hay nada a mi alrededor. Ni costa ni maderos ni algas
ni gaviota alguna. Sólo la respiración del mar, libro de
horas, agua latiendo al fondo de un murmullo, acaso
una felicidad difícil, de esas que no logran grabarse
en la memoria. De pronto, a mi izquierda, como
viniendo del norte (donde el frío es proclive a las islas
y el destierro abriga), asoma otra barca. En la
cubierta, de pie, único tripulante y náufrago también,
un enorme reloj de agujas ciegas que aparece y
desaparece —como todo lo exacto— conforme
oscilan las olas. Oigo su corazón: un corazón
vapuleado, lavado por la pena. Entre latido y latido,
una eternidad. El extravío es esto: me tragarán tus
ojos del color del mercurio. Después, qué importa lo
que quede, ningún alma o todas las almas.

Die Zeit

A boat consonant with horizon and distant mist
and the resonating darkness of everything. Nothing
around me. No coastline, no wreckage, no
seaweed, not one gull. Only the sea breathing, book
of hours, water pulsing in the depths of a murmur,
perhaps a hard-won happiness, one that cannot
print on memory. Suddenly, at my left, as if from
the north (where cold favors islands and exile
protects), another boat appears. On deck, the only
crew and shipwreck survivor, an enormous clock
with blind hands, appearing and disappearing—like
all precision—to the rhythm of the waves. I hear its
heart: a battered heart, cleansed by pain. Between
each beat and the next, eternity. Adrift, this is what
loss is: your quicksilver eyes will swallow me.
Afterwards, what matters what is left, not a single
soul or all of them.

Diálogo con Gabriel III
(inframundos)

Vuelvo siempre a un punto de partida, la sacristía de una iglesia o batisterio, en el cuarto de mi hotel en Milán. Enseguida el vuelo recomienza, yo y una bandada de pelícanos. Primero, un castillo y los muros de la noche. Después, la sombra de los pájaros. Sólo al final, un pozo por el que empiezo a caer hasta que logro percibir una fecha amarilla: 1500 y pico. Me oigo gritar un grito bajo, casi afónico, como el de quien no sabe o acaso no quiere pedir auxilio. Luego, todo cambia. Siento unos brazos fríos. Es Gabriel, dice:
—Esto es un sueño. Te quedarás quieta un rato y todo estará bien. No has visto sino el fondo de la sombra, los restos de la demolición de algo. Un naufragio del alma. Pasará.
El corazón se calma, sólo por un instante. ¿Y si Gabriel estuviera presa en los espejos del sueño? Me asusta la claridad con que la oigo alejarse hacia la ventana y desaparecer. Bajo mi cuerpo ahora, la cama es de loza. De mi costado izquierdo acalambrado, completamente muerto, brota una luz y después una fuente y el agua sale con violencia, todo en la habitación es de un desorden, no logro dar con el timbre para pedir socorro a la recepción pero en eso el viento vuelve a soplar y a llevarse consigo todas las cosas. El viento y su designio. Yo volaba en el viento inescrutable.

Dialogue with Gabriel III
(infraworlds)

I always return to the same starting point, the sacristy of a
church or baptistery in my hotel room in Milan.
Immediately the flight begins again, I and a flock of
pelicans. First, a castle, and the walls of night. Later, bird
shadows. At last, a well I slip into, tumbling down until I
find a yellowing date: 1500 and something. I hear myself
cry out, a low cry, almost aphonic, like one uncertain how
to ask for help or else reluctant to. Then, everything
changes. I feel cool arms. It is Gabriel. She says:
"This is a dream. Lie still, you'll be all right. It was only the
underside of shadow, debris from some demolition. A
shipwreck of the soul. It will pass."
My heart grows calm, for an instant only: And what if
Gabriel is trapped in the dream mirrors? I am shaken by
the definition of her footsteps as she moves toward the
window and disappears. Now, under my body, the bed is
made of tile. From my cramped left side, numb as death,
jets a light and then a fountain and water spurts out, the
room is in chaos, I can't find the bell to ring for help but
then the wind begins to blow again and to blow everything
away with it. The wind and its intention. I was flying on
the inscrutable wind.

Teoría de la luz

En los contrafuertes del Tibet, una amiga me conduce
a un enorme palacio blanco, sin techo y en forma de
cruz. País de ámbar, de fustán y de áloe, circundarlo
nos tomaría tres días. Me quedo boquiabierta,
evitando pisar el umbral (es mal agüero), sin saber si
he llegado a la Ciudad del Cielo o a los arrabales
menos pretensiosos del Arbol Solitario, donde habitan
los que aman el exilio y los puentes. En todo caso, es
un confín, lo sé porque el Imperio ha perdido su
sentido. En ese instante, aparece un mensajero con un
bando:
—En esta luna —anuncia— habrá guerras y plagas y
discordia infinita. Cuando el frío entre en el paisaje,
nos atravesará un río gris, gentes malvadas nos
impondrán la ley abominable de su amor. Nada nos
curará de la melancolía, ni los bosques de sándalos ni
el cántaro de incienso ni las pérfidas sedas que traerán
consigo los mercaderes de caballos. El amor nos
dolerá como el invierno.
Mi amiga hace un gesto con los hombros.
—Siglo imperfecto —piensa—, coordenada errónea
en la nave del mundo.
A mí me inquieta otra cosa, cómo haré para
escaparme de mi marido esta noche: Baudelaire
hablará a las doce, bajo las estrellas, en el centro
exacto de la cruz.

Theory of Light

On the farther slopes of Tibet, a friend, a woman,
leads me to an enormous white palace, roofless and in
the form of a cross. Country of amber, fustian, and
aloe, it would take three days to circumambulate. I
stand there gaping, taking care not to step on the
threshhold (a bad omen), without knowing if I have
reached the City of Heaven or the less pretentious
slums of the Solitary Tree, where the lovers of exile
and bridges settle. At any rate, the ends of the earth, I
know because out here the Empire is meaningless. At
that moment, a messenger appears with an edict:
"In this moon," he announces, "there will be wars and
plagues and infinite discord. When cold enters the
landscape, a gray river will run through us, evil ones
will subject us to their abominable law of love. Noth-
ing will cure us of melancholy, not the sandalwood
forest nor the incense jar, nor the treacherous silks
horse traders will import. Love will torture us like
winter."
My friend shrugs her shoulders.
"Imperfect century," she thinks, "worldship on the
wrong coordinate."
My concerns are more immediate: how to slip away
from my husband this evening. Baudelaire will lecture
at midnight, beneath the stars, in the exact center of
the cross.

Los hilos del ser

En un país nórdico, Suecia tal vez, ella y yo (que
somos yo las dos) llegamos a la casa de un hombre al
que ya hemos amado una vez. Venimos a pedirle otra
oportunidad. El hombre nos acomoda en su living.
Entran y salen personas con abrigos de piel, como si
fueran sombras erguidas en la memoria de alguien.
Un frío de funeral y de espejos. Un frío que se anuda,
como un país. Hacia el mediodía, salimos a dar un
paseo y a los pocos metros, a nivel del mar, yo
percibo un puerto y grúas y tibias casas blancas
contra un cielo ensordecedoramente azul. Digo:
Estambul y, en el acto, un deseo punzante de cruzar
el cerco y entrar a la ciudad de oro, la ciudad de los
tres mares y las torres sobre el Bósforo . . . pero no he
traído el pasaporte. Cuando volvemos, ha oscurecido.
El hombre, que es escritor, bebe una poción mágica.
¿Se protege contra qué? Yo bebo también, con
cuidado de no pensar demasiado, de evitar sus ojos
bellos como la orfandad. Esta noche nos sofocaremos
en el sueño hasta morir. No repetiremos el error.

Threads of Being

In a Nordic country, Sweden perhaps, she and I (who are both I) arrive at the house of a man with whom we were once in love. We have come to ask for another chance. The man settles us in the living room. People come and go, wearing fur coats, as if they were shadows arising in someone's memory. A chill like funerals, mirrors. A chill that binds, like a country. Around noon, we set out for a walk, and a few yards away, at sea level, I perceive a port and cranes and warm white houses against a deafening blue sky. I say: Istanbul, and in that moment, a stabbing desire to cross the fence and enter the golden city, that city of three seas and towers over the Bosporus . . . but I haven't brought my passport. When we return, it has grown dark. The man, who is a writer, drinks a magic potion. What is he protecting himself from? I drink also, careful not to think too much, to avoid his eyes, beautiful as orphanhood. This night we will suffocate ourselves in sleep unto death. We will not make the same mistake again.

Over Exposure

—El mundo es un pozo inagotable de riquezas, un
número infinito como el ocho, la cinta de Moebius
—dice alguien—. ¿Por qué no pedir más?
Pero aparece mi madre en un rincón, el rostro
demacrado, de párpados inquietos, casi triste. Me
trae una noticia, *auguri*, ansiosa mía. Habla de un
abuso, *fallimenti*, cuando niña, un crimen más que
humano. Como ve que me altero, grito que no
invente (la conozco), dice que compruebe por mí
misma. En ese momento, pasa un hombre. Yo debo
mirarlo y sabré: el abuso tiene que ver con la
mirada. Me niego. No quiero oír. No quiero pedir
más. No quiero saber si existen los altares del
cuerpo, las voces de la noche. Mi madre insiste, su
sombra muy al hondo. En mi propia casa derrotada,
alguien urde una fiesta. Alguien lee un texto
solidario. Es una fiesta literaria. Ginsberg está ahí.

Over Exposure

"The world is an inexhaustible well of treasures, an
infinite number like eight, the Moebius strip,"
someone says. "Why not ask for more?"
But my mother appears in a corner, her face
shrunken, eyelids trembling, almost sad. She brings
me news, *auguri*, my anxious darling. She speaks of
abuse, *fallimenti*, in childhood, a prodigious crime.
When she sees me fall apart, scream that she mustn't
make things up (I know her), she tells me to look for
myself. At that moment, a man walks by. When I see
him I will know: abuse is a matter of looking. I
refuse. I don't want to hear it. I don't want to ask for
more. I don't want to know if the body's altars or the
night's voices exist. My mother insists, her shadow
deep in me. In my own defeated house, a party.
Someone reads a piece in solidarity. A literary party.
There's Ginsberg.

Eternidad

Una vez descubierto, el hueco será una
tentación. Las ballenas, negras y blancas como
buques, atravesarán las compuertas del océano
y después nos rozarán hacia atrás, antes de la
biografía. Temblará la herida al vernos
regresar de la codicia entre labios de agua y esa
manada invisible: cielo circular donde navegan
las barcas de la luz, las cunas de la muerte.
Probablemente la aventura no servirá para
nada pero arderá tu nombre en la tierra
infinita de los ángeles, oh miedo.

Eternity

Once discovered, the passage will be tempting.
The whales, black and white like ocean liners,
will flood through dikes of sea then graze us
backward, before biography. Trembling, the
wound will watch our thirst recede among
water lips and this invisible herd: circular
heaven where sail boats of light, cribs of death.
Probably the adventure will be futile, but your
name will blaze, o fear in the infinite earth of
angels.

Los osos

Como en una película de guerra de los años 40: trenes
en la nieve, soldados con birrete, besos de despedida en
blanco y negro, un poco de humo atrás. Mi padre parte
al frente y yo lo despido con dos niños tomados de la
mano. Casi enseguida, nos enteramos de su muerte. La
angustia se apodera de la casa de la infancia. O a lo
mejor es otra casa, una casa abandonada hace tanto
que no sabemos volver, los pájaros comieron las
miguitas, ahora el sendero es invisible, está minado.
Aunque sé que debo irme (mi amante actual me
reclama), me quedo allí, no puedo abandonar a mi
madre, ella no cesa de hablar, llora, insiste, cómo hará
para vivir. En ese instante, real, irreal, irrumpen
parientes, entran sin llamar, en los brazos bandejas
repletas de comida, fuentes que vuelcan sobre el piso
como si eso les diera un derecho. Impresionada y
molesta, salgo al balcón con los niños. En un jardín de
juegos, a lo lejos, dos osos gigantes se hamacan, suben
altísimo y bajan y ríen y vuelven a subir, se los ve tan
felices. . . Los niños y yo, apoyados contra el balcón,
miramos todo muertos de tristeza.

The Bears

Like a war film from the 40s: trains in the snow,
soldiers in berets, farewell kisses in black and white,
faint haze in the background. My father is leaving for
the front and I am seeing him off with two children
clinging to my hands. Almost immediately, we hear
that he is dead. Wretchedness fills my childhood house.
Or it may be another house, a house abandoned so
long ago we can't find our way back, birds eating
crumbs, now the path is invisible, and mined. Although
I know I should leave (my current lover needs me), I
stay there, I can't leave my mother, she won't stop
talking, weeps, insists, how will she manage to survive.
Into that real unreal moment relatives irrupt, they
enter without knocking, carrying trays full of food,
serving dishes that they spill onto the floor as if they
had the right. Impressed and uneasy, I go out onto the
balcony with the children. In a playground, far away,
two bears are swinging, they swing very high and then
back and they laugh and swing up again, they look so
happy. . . . The children and I, leaning against the
balcony, watch everything, dying of grief.

El mundo no termina

(a Charles Simic)

De pronto, sin que nada lo anunciara, apareciste vos,
dijiste que yo parecía una copa de cristal. Tu espectro se
propagó como si me hubieras besado en la sien. Me
quedé absorta: ¿algo nos daba caza? ¿un pensamiento
descabellado, un poco arriba del labio? ¿nos embebía en
nuestra propia desolación? La boda tuvo lugar una
mañana luctuosa. La celebramos bajo la lluvia, como
quien depone banderas. Después, comenzó a pesarnos
el mundo, la dicha que llegaría —estábamos seguros—
sin avisar, como un telegrama. Tu paciencia no tuvo
límites, me venerabas como a un animal mitológico.
Pero yo tuve miedo, había un fulgor extraño en tus
ojos. Para distraerme, empecé a enumerar las cosas, es
decir a ocultarlas. (Hablar me salvaba de otras guerras.)
Hubiera vivido así pero el lenguaje se fue desfigurando
en mis manos, me cautivaba como una delación. No
pude más. Te dejé un dibujo indeciso (un fauno
cubierto de azahares marchitos) y partí. Comencé a
desvanecerme en la noche solitaria del tiempo: el
enorme mundo.

The World Doesn't End

(to Charles Simic)

Suddenly, unannounced, you appeared, said I looked
like a crystal goblet. Your specter reproduced as if
you'd kissed my temple. I was stunned: was
something chasing us? a mad thought, just above
the lip? drenching us in our own desolation? The
wedding took place on a doleful morning. We
celebrated it in the rain, lowering our flags.
Afterwards, the world began to weigh on us, the
happiness that would arrive—we were certain—
without warning, like a telegram. Your patience
unlimited, you worshipped me as a mythological
beast. But that frightened me, there was a strange
glitter in your eyes. To distract myself, I began to
name things, that is, to conceal them. (Speaking
preserved me from other wars.) I would have lived
like that, but language began to skew in my hands,
fascinated me like betrayal. I couldn't go on. I left
you a hesitant sketch (a faun covered in withered
orange blossoms) and went away. I began to fade in
the solitary night of time: the enormous world.

Cuento de hadas

Mi padre se ha vuelto a casar y en el castillo reinaría
la paz si no fuera por mí que, a diferencia de mis
hermanas, odio a la madrastra, no hago sino pedir a
mi padre que no me abandone e incitar a todos a la
insumisión. Pero nadie me escucha. Al parecer, mi
odio es antiguo, proviene del cariño tortuoso que mi
verdadera madre inoculaba en mí con una lenta
astucia. Mientras cenamos, a la luz esquiva de las
velas, mis hermanas besan un frasquito que va
dirigido a la madrastra, prenda auspiciosa. Todas
repiten el beso menos yo. La madrastra sonríe como
un ángel. Anuncia que un barco ha de llevarlas a
Londres. Se van todas, entre risas y abrazos y la
sombra plateada de los eucaliptos. Yo me quedo de
este lado del foso, sola en el desván de la torre,
resentida, orgullosa, rumiando el ilusorio embrión
de un final. Soy una niña audaz, helada o terca como
pena, una víctima en busca de su asesino. Pero no
logro morir. Papá no toma partido.

Fairytale

My father has married again and there would be
peace in the castle if it weren't for me who, unlike
my sisters, hates the stepmother; I do nothing but
beg my father not to leave me and urge the others to
rebel. But no one pays attention. It seems that my
hatred has a history; comes from the tortuous
affection Mother's patient cunning forced in me.
While we dine, in the fugitive candlelight, my sisters
kiss a small flask intended for the stepmother, an
auspicious token. Everyone repeats the kiss except
for me. The stepmother smiles like an angel. She
announces that a ship will take them to London. All
of them leave, among laughter and embraces and
the silvery shadow of eucalyptus trees. I remain on
this side of the moat, alone in the tower garret,
resentful, proud, worrying the illusory embryo of a
finale. I am a bold girl, icy or stubborn as grief, a
victim in search of her murderer. But I do not
succeed in dying. Papa will not take sides.

Terra Incognita

Dans un vrai poème les mots portent leurs choses.
—RENÉ DAUMAL

En el reino de los espejos negros donde no se
aventuran los etíopes, más allá de la segunda catarata
del Nilo (según los mapas de Claudio Ptolomeo), una
guerra lo ha arrasado todo. Barr Adjam, año 300 de la
hégira. Los hombres no se distinguen del paisaje:
caravanas ciegas sobre la inmensa arena desolada.
Tienen sed, miedo. Camino en procesión junto al resto
hasta llegar a un campamento. El campamento es la
clave de nuestro desfile salvaje, millares de hombres
del color del verano, las manos paralelas, haciendo
genuflexiones.
—Pertenezco a Al-ah —dicen—. Pertenezco a la
Nada.
Como quien abre puertas al alma fugitiva o muere sin
hacer ruido, como una imagen, sé que debo entrar y
pagar el tributo. Está en juego este mundo y la
eternidad. Alguien me observa, alguien que dice
amarme, que afirma que aún no he escrito un
verdadero poema porque, de haberlo escrito, la guerra
se hubiera encendido, impiadosa, en el hueso de mi
corazón. Entro al círculo, hago la genuflexión,
pronuncio el juramento y huyo. Mientras me alejo,
desde dentro del círculo, mi observador grita:
—Te llamaré para tu cumpleaños.

Terra Incognita

In a true poem, the words contain things.
—RENÉ DAUMAL

In the kingdom of black mirrors where Ethiopians
will not venture, beyond the second cataract of
the Nile (according to the maps of Claudius
Ptolomeus), a war has devastated everything. Barr
Adjam, year 300 of the hegira. Men cannot be
distinguished from landscape: blind caravans on
the immense deserted sand. They are thirsty,
frightened. I join their procession until we reach an
encampment. The camp holds the key to our
rough march, thousands of sun-colored men, their
hands parallel, genuflecting.
"I belong to Al-lah," they say. "I belong to
Nothingness."
Like one admitting a fugitive soul or dying mute,
like an image, I know I should enter and pay
tribute. This world and eternity depend on it.
Someone is watching, someone who claims to love
me, who says I have not yet written a true poem
because, if I had, war would have flared, pitilessly,
in the marrow of my heart. I enter the circle,
genuflect, pronounce the oath and flee. As I move
into the distance, from within the circle the
watcher cries:
"I'll call you on your birthday."

Peridural y despojo

Mi hermana descansa en un ataúd sobre la cama y
yo sentada a su lado, el rostro desierto, como a la
espera de algo. Unos pájaros blancos, de guantes
blancos, embozados de blanco, van y vienen.
Cuervos melancólicos, cortejando a la muerte
fluorescente. Entran y salen por incontables puertas
mientras la noche enturbia el cuarto colmado de
relojes. De pronto, se escucha toser adentro del
cajón. Uno de los médicos dice:
—Ahora.
Empiezan a imprimirle el cuerpo de anestesias. Un
sinfín de promesas, ritmos en la sangre, cierto frío.
Como quien borda el cuerpo de la noche, mutila el
silencio para que algo se oiga. Empiezan a coserle
una memoria en falso, a arrebatarle la mañana de
sus ojos. Le asoman un sol helado a los labios,
ponen un canto en su garganta seca. Alguien
dice:
—Es una niña. Una niña hermosa.
Ninguna diosa del parto trae un alma de regalo.
Nadie danza en sus cabellos de fuego rojo.

Epidural and Plunder

My sister rests in a coffin on the bed and I seated at
her side, my face abandoned, as if waiting for
something. Some white birds in white gloves,
shrouded in white, come and go. Melancholy
ravens, courting fluorescent death. They come and
go through numberless doors while night obscures
the room full of clocks. Suddenly, from inside the
box, a cough. One of the doctors says:
"Now."
They begin to print anesthetics on her body. A
farrago of promises, rhythms in the blood, a
certain chill. Like someone embroidering night's
body, mutilating silence for the sake of an echo.
They begin to stitch a false memory into her,
despoil her of the dawning life. They raise an icy
sun to her lips, a song to her dry throat. Someone
says:
"It's a girl. A beautiful little girl."
No goddess of childbirth presents her with a
soul.
No one dances in her fire-red hair.

Hieros gamos

Desde el piso superior de la casa donde estoy, veo una
boda medieval. Carromatos, pequeñas niñas de tul, un
cuchicheo incesante de palomas blancas. La gente tira
arroz y una troupe de magos y laúdes y manteles sobre
el tapiz verdoso del bosque. Al este de todas las cosas,
un poco alejada del resto, una mujer misteriosa vestida
de organza habla por teléfono público. Su tono es
dulce y urgente a la vez, habla con su maestro. Oigo
que dice:
—Necesitamos familiarizarnos con el viaje innúmero.
Repetir el número mágico hasta olvidarlo.
De pronto, desaparece todo. Ya no quedan sino
huesos esparcidos por los manteles cuadriculados,
pequeños granos de arroz como perlas y una pareja
de novios que ruge a contrapelo del viento. Me
alejo de la ventana. Sobre mi cabeza, cruzan pájaros.
Tan inmóviles, como flechas que apuntaran a
cosas ni pensadas.

Hieros gamos

From the top floor of the house, I look down on a medieval wedding. Wagons, little girls in tulle, an incessant gurgling of white doves. People throwing rice and a troupe of magicians and lutes and table-cloths on the green tapestry of the forest. To the east of it all, slightly away from the rest, a mysterious woman in organza is talking on a public telephone. Her tone both gentle and urgent, she is speaking to her master. I hear her say:
"We must acquaint ourselves with the numberless journey. Repeat the magic number until it is forgotten."
Suddenly, everything vanishes. Nothing is left but bones strewn on the checked tablecloths, little grains of rice like pearls and a bride and bridegroom howling into the wind. I walk away from the window. Birds cross above my head. So motionless, arrows pointing to unheard-of things.

Diálogo con Gabriel IV

—Sólo un acatamiento —dijo Gabriel—. Un acatamiento absoluto, que incluya la locura, el engaño, la tristeza vacía, el mal que hay en las cosas, pero también el hondo esplendor de la travesía, esa gran pasión humana. Sólo un acatamiento ha de llevarte al centro invisible del poema. La verdad es un camino que hay que tolerar: espera en el climax del silencio o lo precede y lo sigue, como una patria. Después, enseguida, tendrás que destruir, destejer la malla espesa donde se escuchan los gritos –desgarradores— del comienzo. En algún sentido, dejarás de escribir, al menos de escribir como quien acopia algo escaso en las arcadas del tiempo. Dejarás de ejercer esa impotencia. De victoria en victoria, perderás tus batallas, todas, hasta que no quede más que un interminable invierno de esperas. Ah, sólo entonces la perfección no valdrá, ni siquiera como anhelo. No contará sino la densidad de las cosas, la hermosura pavorosa de lo real. En ese forcejeo, en ese laberinto de vientos imposibles, puede que te acerques al anverso que conoce toda vida, que logres que sea tuyo, incluso, aquello que no has hecho, que se te devuelva lo que escribiste de más, sólo por codicia, que algo te sea dado, como un presentimiento imperfecto. Pero todavía estás muy lejos. Se necesita una ceguera más profunda. . .

Dialogue with Gabriel IV

"Only compliance," said Gabriel. "Absolute
compliance, which includes madness, deception,
the minus of sorrow, the evil in things, but also the
hidden splendor of the voyage, that great human
passion. Only compliance can carry you into the
invisible center of the poem. Truth is a road that
must be endured: it waits in the climax of silence or
precedes and follows it, like a homeland. Then,
immediately, you must destroy, unravel the close-
woven mesh where the —heartrending— cries from
the beginning resound. In a sense, you will leave off
writing, at least writing like one who hoards a
scarcity in time's arcades. You will no longer
exercise that impotence. From victory to victory
you will lose your battles, all of them, until there is
nothing but an endless winter of waiting. Ah, only
then will perfection become worthless, even as an
aspiration. Nothing will count but the density of
things, the sublime in the real. In that wrestling, in
that labyrinth of impossible winds, you may
approach the obverse hidden in each life, own—
even—what you have not done, find overweening
lines retract, be graced with something, like a
flawed intuition. But you are still far from that. You
must go deeper into blindness. . . ."

Simurgh

He llegado una vez más a París pero no figura en mis
planes el verte. Me instalo por azar en un hotel que
queda frente al tuyo así que, en la gran ciudad, estamos
confinadas al mismo recinto de tiempo gris, el mismo
faubourg, el mismo *métro*. Como era previsible, necesito
esconderme, calcular la sinopsis precisa de tus
movimientos y de los míos (¿cómo explicarte que
estoy aquí y no te he llamado?). Decidida a esperar
tu partida, me demoro en el hall, un magnífico hall
recubierto de espejos, donde una multitud se ajetrea
sin fin. ¡Qué chiquito es el mundo! No lo puedo creer
cuando te veo entrar. Me protejo enseguida detrás de
una enorme columna semicircular, sin poder discernir
si vas o venís, si te acercás, te alejás. Así, una eternidad . . .
hasta que me topo con vos, tu cuerpo ahí, tus
grandes ojos grises, y ese pelo lacio a los costados del
gesto, justo en el espejo que tengo enfrente, a menos
de un metro, tu sorpresa punzante, desgarradoramente
alegre, como si la noche hubiera visto de pronto el día,
como si por fin hubieras escrito un poema, uno solo,
sin faltar a la verdad.

Simurgh

I have arrived in Paris again but do not plan to see
you. I land in a hotel that faces yours so that, in
the big city, we are confined to the same precinct
of gray weather, the same *faubourg*, the same
métro. As I might have known, I need to hide, to
calculate the exact précis of your movements and
my own (how to explain that I am here and
haven't called you). Determined to wait until you
leave, I linger in the hall, a magnificent hall lined
with mirrors, where a multitude bustles endlessly.
What a small world! When I see you enter, I can't
believe it. I hide behind an enormous semicircular
pillar, unable to tell whether you are coming or
going, if you draw near, or walk away. And so on,
forever . . . until I run into you, your body there,
your large gray eyes, and that hair falling beside a
gesture, right in the mirror in front of me, less
than a yard away, your poignant surprise,
rackingly joyful, as if night had suddenly caught
sight of day, as if you had finally written a poem,
just one, without demeaning truth.

El libro de los seres

Como siempre, el taxista me lleva a un sitio donde
no quiero ir. Una vez me extravió en la calle Siria,
otra vez aparecí en Retiro a cuatro cuadras de mi
casa materna (cuando yo deseaba ir a la discoteca
Roxy, en Manhattan). Ahora acaba de anunciarme
que me dejará en Tetrópolis. Pero esta vez no
protesto. Apenas me pongo un poco triste, sin saber
que hubiera sido lo mismo si me hubiese llevado al
lugar que yo quería (de existir ese lugar,
pongamos). En la radio se oye una música extraña,
cortésmente le pregunto qué es. El taxista parece
ofendido:
—Esto no es música, están recitando el Qurán.
Me deja en una ciudad luminosa y vacía, sin puertas
ni alfabetos ni cementerios. Una ciudad de silencio,
insomne, entre el amanecer y Turingia.
—Ha de saber —dice el taxista— que el único libro
que cuenta ya ha sido escrito y se canta sin música y
es la música más laboriosa e intraducible que exista,
como una agonía.

The Book of Being

As usual, the taxi driver takes me where I do not
want to go. Once I was lost on Syria Street;
another time I appeared in Retiro, four blocks from
my mother's house (when I wanted the Roxy disco
in Manhattan). Now he has just announced that he
will leave me in Tetropolis. But this time I don't
object. Just feel downhearted, uncertain; at my
original destination (assuming it exists), would
anything be different? The radio is playing strange
music; politely I ask him what it is. He seems
offended:
"This isn't music; they are reciting the Koran."
He leaves me in a luminous empty city, without
doors or alphabets or cemeteries. A city of silence,
insomniac, between dawn and Thuringia.
"You should know," says the driver, "that the only
book that matters has already been written and is
sung without music and is the most laborious and
untranslatable music in existence, like the process
of dying."

El techo del mundo

Venecia sitiada en pleno invierno. Un cinturón de
ejércitos feudales, ágiles como el desdén, aguardan la
señal para atacar: buscan las fronteras de cierta región
inexplicable, eso tan frágil que —dicen— se prostituye
a lo invisible. Los venecianos se mueven como
hormigas, se alistan a devolver la afrenta en el corazón
de la batalla. En medio de la barahúnda, tomo de la
mano a un niño, lo llevo al embarcadero y lo acuesto
conmigo en una góndola mirando el cielo. Desde ahí,
podemos seguir el mudo viento, el latido inintencional
de la ciudad, la fiebre de la laguna helada, los caballos
que atraviesan el cementerio en dirección a Mestre y
también, más allá, los guerreros que llenan las riberas
como cuervos, sus negras banderas de seda flameando
como hordas de un motín siniestro. Ah, el cielo es un
espejo. Y la escena una danza estática, insaqueada en su
belleza.
—Algo quiere fracasar sin dejar huellas —digo—. La
forma es el disfraz del tiempo.
Después nos quedamos, el niño y yo, rumiando el
curso de las estrellas.

The Roof of the World

Venice under siege in the dead of winter. A cordon of
feudal armies, agile as disdain, awaits the signal to
attack: they are pursuing the frontiers of a certain
inexplicable region, something so fragile that—they
say—it is the whore of the invisible. The Venetians
swarm like ants, enlist to return the insult in the heart
of battle. In the midst of this tumult, I take a child by
the hand, lead him to the dock, and we lie in a gondola
looking up at the sky. From there, we can follow the
mute wind, the unintentional heartbeat of the city, the
fever of the frozen lagoon, horses riding through the
cemetery toward Mestre and also, farther on, warriors
who line the banks like crows, their black silk banners
flaming like hordes of a sinister mutiny. Ah, the sky is a
mirror. And the scene an ecstatic dance, undespoiled in
its beauty.
"Something wants to fail without a trace," I say. "Form
is the masquerade of time."
Then we remain, the boy and I, pondering the
pathways of the stars.

El juego sin nombre

Estoy recostada en un sillón, al borde de una autopista, hablando con mi madre. Ella dice:

—Lo sabía. (Se refiere a las disputas con mi amante que aparece en segundo plano, como Velázquez en el cuadro de *Las Meninas*.)

Un hombre casi viejo, a quien odio y admiro a la vez, un monarca más gris que la bruma, se acerca y empieza a tocarme en la zona del corazón. (Mi madre ha desaparecido.) No hay erotismo en sus gestos. Apenas, entre él y yo, la vigilia y colores que no existen. Le pregunto si existo de verdad. Le pido que enumere mi rosario de crímenes. Alguna prueba eficaz. Algo más que esta fiebre, esta ausencia atareada, este empeño de emociones rígidas como el metal. Su figura es un bosque. Dardos en combate. Una imagen huraña en un espejo.

—Si no deja de tocarme —pienso—, abrirá en mí una distancia, un abismo presuntuoso (como el que aparta a una piedra de sí misma). Acabaré tratando de robarle una forma, de inventar un sentido, de decir lo que no debe decirse —bajo ningún pretexto— en palabras. Me perderé.

Silencio. Pasa una leve sombra temblorosa. El resto es la autopista y yo entrando en lo anónimo, el sordo susurro de un trozo de escritura mientras sube la noche, la noche sube, pálida.

The Anonymous Game

I am lying on a couch, beside a highway, talking with
my mother. She says:
"I knew it." (Referring to my arguments with my
lover, who appears in the background, like Velázquez
in *Las Meninas*.)
An older man, someone I both hate and admire, a
monarch grayer than mist, approaches and begins to
touch the area around my heart. (My mother has
disappeared.) His movements are not erotic. Just
barely, between us, a vigil and nonexistent colors. I
ask him if I truly exist. I ask him to enumerate my
rosary of crimes. Some sufficient proof. Something
more than this fever, this hectic absence, this tenacity
of emotions rigid as metal. His figure is a forest.
Darts in combat. A sullen image in a mirror.
"If he doesn't stop touching me," I think to myself,
"a space will open inside me, a presumptuous chasm
(like one estranging a stone from itself). I will be
forced to snatch a form from him, invent a meaning,
say what must not—on any pretext—be said in
words. I will lose myself."
Silence. A faint trembling shadow passes. The rest,
highway and I entering the anonymous, the dull
murmur of a piece of writing while night rises, night
rises, pallor.

Hurqālyā, ciudad peregrina

El viento en su desvelo presencia todo. Como dispuesto
a inscribir algo en lo real. Pero nosotras estamos
perdidas. En la ciudad fría, en la violencia del macadam
y los parkings, los espejos son pájaros dormidos. No hay
fuegos victoriosos, no se ven las montañas de Qāf. La
noche y su recinto, para un pequeño teatro: el yo.
¿Hasta cuándo nos rodearán los pantanos? ¿Hasta
cuándo la muerte ocultará su país de ciudades blancas?
¿Sus llaves que abren al Gran Mar? ¿Sus múltiples
baldíos donde por un instante brilla lo no dicho? Más
allá, dicen las guías, no más acá de la tensión y los
nudos, reside la verdadera palabra, ave fénix que habita
los andamios del alma. Tendrás que elegir una pena,
una sola. Renunciar al miedo. Si oyes un anillo de
silencio, escúchalo: él también es un mundo.

Hurqālyā, Peregrine City

Vigilant, the night wind witnesses everything. As if deigning an imprint on reality. But we are lost. In the cold city, in the violence of asphalt and parking lots, mirrors are sleeping birds. No triumphal fires, the mountains of Qāf invisible. The night and its nook, for a little theater: the I. How long will we continue to be surrounded by marshes? How long will death conceal its country of white cities? Its keys that open on the Great Ocean? Its many vacant lots where for an instant the unsaid gleams? Farther on, say the guidebooks, beyond tension and kinks, is the habitat of the true word, that phoenix dwelling in the scaffold of the soul. You must select a single grief, one only. Renounce fear. If you hear a round ring of silence, listen: it too is a world.

Los cielos del otoño

Quién iba a decir que Maggie llegaría así, en medio de esta lluvia solitaria, con el silencio intacto de su frente y esa sed que la volvía tan bella. Se sienta a la luz precaria de la lámpara, conmigo enfrente, en el mismo escritorio donde leíamos *Demián, Mi hermana y yo, La condición humana*. En su rostro puede verse una victoria: está arrasado. Me mira y tiemblo, como si pudiera hacer arder las líneas invisibles de mi cuerpo, dejarme prisionera de algo que no sé nombrar. Un sol urgente y ciego, un cómplice sombrío, no me azotaría de igual modo. Igual que aquella noche, sin saber con certeza de qué hablo, le vuelvo a preguntar:

—¿Te parece que podré?

Ella se ilumina en una ráfaga (como si la colmara un caos), sonríe maliciosa y abre las alas de un silencio donde caben las islas, el asombro, el rumor de los libros por venir, la rebelión y su precio ineludible, las ilusorias fugas de mí misma, el miedo a una felicidad demasiado ordenada, es decir ese enorme enigma relumbrante que es mi vida. Luego se desvanece.

Y luego, desde lejos, de un país crepitando de frío y de naufragios, marea y resaca, de un espacio abocado de lleno a lo imposible, recogiendo una a una las piedritas

Autumn Skies

"You have changed, but you bear the sign."
"The sign. What sign?"
"We used to call it the mark of Cain."
—HERMANN HESSE

Who would have expected Maggie to arrive like this,
in the midst of this solitary rain, with silence intact
on her forehead and that thirst that made her so
beautiful. She sits in the precarious lamplight, facing
me, in the same study where we read *Demian, My
Sister and I, The Human Condition*. A victory in her
face: it has been sacked. She looks at me and I
tremble, as if she could inflame the invisible lines of
my body, leave me at the mercy of something I
cannot define. Not even a blind, urgent sun, somber
accomplice, could lash me like this. Now as then, not
knowing exactly what I'm saying, I ask:
"Do you think I can?"
She is lit by a flash (as if overflowing with chaos),
smiles wickedly, and spreads the wings of a silence
that contains islands, astonishment, the murmur of
books to come, revolt and its inescapable price,
illusory flights from myself, fear of domestic bliss;
that is, that huge glittering riddle: my life. Then she
vanishes.
And then, from afar, from a country creaking with
cold and shipwrecks, tides and reflux, from a space
utterly devoted to the impossible, gathering one by

que deja lo real, me llega un llamado, aliento oscuro de aquel tiempo en que el Destino nos miraba como animal esquivo. Ella responde:

—No me parece. Estoy segura.

Y yo, me doy cuenta que la amaba.

one the pebbles left behind by the real, a call reaches me,
hazy visitor from that time when Destiny observed us like
a furtive animal. She answers:
"I don't think. I know."
And as for me, I realize that I loved her.

Teoría del buen morir

En el clima azulado de una ciudad de piedra, me están
enterrando. Veo la escena y digo:
—Déjenla. ¿No ven que está viva? ¿No ven el
movimiento de su cara?
—Es verdad —dice alguien—. Todavía no ha llegado
su tiempo de morir. No ha practicado bastante. El
duro amor no ha sido escrito en su alma, algunos
tabiques entre ella y la vida siguen en pie. Falta que
algo se encamine a su centro como una interrogación.
Que abrace la osadía de la petición y la entrega.
Que clave un signo sobre la arena de su imagen,
a ver lo que la boca hace del silencio. Debe
vivir.
Me dejan entonces vivir. El desconocido habla todavía
pero no logro entender. Dice algo sobre la Buena
Muerte: un secreto, un error imperioso, amar de
cerca, algo así. Después se evapora en un reducto de
sombra y yo, entre afligida y contenta, me subo a un
tren y abandono la última ciudad del mundo.

Theory of a Good Death

In the bluish climate of a stony city, they are
burying me. I watch and say:
Leave her alone. Can't you see she's alive? Don't
you see her face twitching?
"It's true," someone says. "It's not time for her to
die yet. She hasn't practiced enough. Love's
exactions have not been written on her soul; there
are still a few partitions between her and life.
Something must advance to its center like a
question. Must dare petition and surrender. Must
thrust a signpost into her sand image, to see what
the mouth makes of silence. She has to live."
So they let me live. The stranger is still talking but
I can't understand him. He says something about
the Good Death: a secret, an indispensable error,
loving face-to-face, something like that. Then he
evaporates into a stronghold of shadow and I, half-
troubled, half-content, board a train and abandon
the last city on earth.

Casandra

*Behind every exquisite thing that exists,
there is something tragic.*
—Oscar Wilde

Vivo en una mezquita, lujosa y fría, en el centro de una isla a punto de sucumbir. Sé que los aviones llegarán y destruirán la ciudad y que es preciso partir. Pero nadie me cree. En medio del resplandor lunar, los habitantes de esta isla nada ven, ni siquiera el mar que los rodea. Enamorados del vacío, son ya hombres de ceniza, hipnotizados por su propio movimiento inerte. Se demoran en una extraña languidez, nostalgia incurable de máscaras, sedas, cofres y joyas deslumbrantes. Ya no aman sino la superficie cóncava de los reflejos, los lienzos fúnebres, la utilería de la noche. El bombardeo empieza. Caen las bombas con la furia de los anatemas y un desbande espantoso a través de ruinas consternadas. Todo se derrumba salvo la mezquita y acaso el otoño incalculable. El paisaje es ahora de una destreza sin límites. Sombras errantes atraviesan las calles. Parias en ronda de agonía. Letargia. Montículos de huesos y de cráneos. El sudario de la bruma. Y yo, como una bella *Notre Dame des Larmes* en la noche alta de mis blancas piezas. Mi sarcófago blanco. Mi cripta incólume en medio de esta vieja pasión insostenible. ¡Qué fatiga! Mis cantos leen el pasado. Casta viajera de la muerte y sus prosas de lamento, no hay exilio para esta patria monótona.

Cassandra

*Behind every exquisite thing that exists,
there is something tragic.*
—OSCAR WILDE

I am living in a mosque, luxurious and frosty, in the
center of an island on the verge of defeat. I know that
planes will come and destroy the city and that we must
leave. But no one believes me. In the lunar glow, the
island's inhabitants perceive nothing, not even the ocean
that surrounds them. Enamored of emptiness, already
turned to ashes, men hypnotized by their own inertia.
They tarry in a strange languor, an incurable nostalgia
of masks, silks, coffers, and dazzling jewels. Now they
love nothing but the concave surface of reflections,
winding sheets, night's makebelieve. The bombardment
begins. Bombs fall furiously as anathemas and a horrifying
rout through a consternation of ruins. Everything
crumbles except the mosque and perhaps the
incalculable autumn. Now the landscape is surprisingly
dexterous. Shadows stray through the streets. Pariahs
circling in agony. Lethargy. Heaps of bones and skulls.
The shroud of haze. And I, like a beautiful *Notre Dame
des Larmes* in the tall night of my white rooms. My
white sarcophagus. My fortified crypt in the midst of
this old untenable passion. Such weariness! My songs
read the past. Chaste voyager of death and its prosy
lament, there is no exile from this repetitious country.

Carta a mí misma

Querida: Escribo como se mira una ciudad monumental.
A la espera de algo rojo y denso como una telaraña.
También la verdad es un puente desde la luz a lo
oscuro, desde lo lleno al vacío, derrotas cada vez más
complejas, como heridas sobre heridas, como si la vida
fuera alcanzando la muerte. Tengo miedo. ¿Pero qué
sabe de eso tu tristeza? ¿Qué sabe tu cuerpo de los
héroes que huyen? ¿De la impostura del coraje? Escribir
es un riesgo. Se parte, sin entender por qué. O más
bien, en su vagar inmóvil, de cautiverio en cautiverio,
extraviado en el rostro oscilante de la noche, el viajero
busca signos, como quien busca su figura en la figura de
la ausencia, sin reconocer su propio hogar, esa oscura y
enorme y quieta cueva erigida al fondo de sí mismo,
que nunca se ha movido. Ah, cuánto orgullo todavía en
lo que escribo. Cuánta huída. Cuánto apuro, sin buscar
lo inmutable, sin saber que sólo aprende aquello que se
extingue. Yo, la mendiga de toda travesía. La pasajera
constante de la jaula del tiempo. La cazadora de mi
alma más vieja, del sentimiento más frágil, el más fértil.
Yo que destejo la agotada memoria, acuciada por el don
de la pregunta incesante, la incesante nostalgia de la
trama invisible. ¿Qué se puede esperar de la ciudad
cursiva? La enseñan en el arrabal los astrólogos. La
ejercen los que buscan la tumba de tu sombra donde
amar es más fácil. Los que añoran como yo tu silencio,
esos caballos blancos que galopan en tus sueños de
noche, como si nos pertenecieran. . .

Letter to Myself

Darling: I write like looking at a monumental city.
Waiting for something red and dense as a spiderweb.
Truth too is a bridge from light to darkness, fullness to
emptiness, more and more complex defeats, like
wounds upon wounds, as if life were catching up with
death. I am afraid. But what does your sadness know of
this? What does your body know of fleeing heroes? Of
the imposture of courage? To write is a risk. One sets
out, not knowing why. Or rather, in her motionless
nomadry, from cell to cell, lost in the oscillating face of
night, the traveler pursues signs as if pursuing her own
semblance in the semblance of absence, without
recognizing her home, that dark and immense and
quiet cave standing in the depths of the self, which has
never moved. Ah, still so much pride in what I write. So
much haste, overlooking the changeless, ignoring the
need to die into learning. I, the beggar on every
journey. Constant passenger in the cage of time.
Hunter of my oldest soul, my frailest, most fertile
sentiment. I who unravel my frayed memory, goaded
by a talent for incessant questioning, an incessant
nostalgia for the invisible design. What to expect from
the cursive city? Astrologers teach it on the outskirts. It
is practiced by those who hunt for the grave of your
shadow, where loving is easier. Those who yearn for
your silence as I do, for those white horses galloping in
your night dreams, as if they belonged to us . . .

THE LOCKERT LIBRARY OF POETRY IN TRANSLATION